Hacia la escuela que soñamos

Ana Helvia Quintero

Hacia la escuela que soñamos

Reflexión sobre una experiencia práctica

DECANATO DE ESTUDIOS GRADUADOS
E INVESTIGACIÓN

EDITORIAL DE LA UNIVERSIDAD
DE PUERTO RICO

Primera edición, 1996
Reimpresión, 1999

Catalogación de la Biblioteca del Congreso
Library of Congress Cataloging-in-Publication Data

Quintero, Ana Helvia
Hacia la escuela que soñamos: reflexiones sobre una experiencia práctica/
Ana Helvia Quintero.– 1. ed.
p. cm.
Includes bibliographical references.
ISBN 0-8477-0253-7
1. Educational change–Puerto Rico. 2. Education–Puerto Rico–Aims and objectives.
3. School management and organization–Puerto Rico. I. Title.
LA501.Q57 1995 95-42966
370'.97295–dc20 CIP

Portada: Yolanda Muñoz

Impreso en los Estados Unidos de América
Printed in the United States of America

EDITORIAL DE LA UNIVERSIDAD DE PUERTO RICO
PO Box 23322, San Juan, Puerto Rico 00931-3322

Administración: Tel. (787) 250-0550 FAX (787) 753-9116
Depto. de ventas: Tel. (787) 758-8345 FAX (787) 751-8785

A mi esposo, Rafael Irizarry Odlum, con quien comparto un diálogo continuo sobre éste y otros asuntos de interés para mejorar nuestro país.

Contenido

Agradecimiento

Estos ensayos surgen de la reflexión en torno a una experiencia de investigación en la acción sobre los cambios que se requieren para mejorar nuestras escuelas. Esta experiencia se dio mayormente mientras dirigí el Centro de Investigaciones e Innovaciones Educativas (CIIE) adscrito al Consejo General de Educación. Agradezco a todos mis compañeros del Centro y del Consejo el apoyo que siempre recibí de su parte. En especial agradezco las críticas y sugerencias de Lydia Milagros González, Carmen Ortiz y Osvaldo Feliú a versiones anteriores de estos ensayos.

La reflexión en torno a la experiencia educativa se enriqueció en el intercambio y diálogo con un gran número de maestros, directores, superintendentes, otro personal administrativo del sistema educativo, profesores universitarios y estudiantes que participaron en diferentes actividades del CIIE. En especial agradezco el diálogo continuo con los maestros, directores y superintendentes de las escuelas Abraham Lincoln (San Juan I), Sofía Rexach (San Juan II) y Antonio S. Pedreira (Río Piedras I).

La publicación de este libro se hace gracias a una aportación del Fondo Institucional para la Investigación de la Universidad de Puerto Rico, Recinto de Río Piedras.

Quiero también agradecer la colaboración de Gladys A. Cruz, Mary Burgos y Wilda López, quienes ayudaron en la tarea mecanográfica.

Finalmente agradezco el apoyo que siempre he recibido de mi familia, especialmente de mi esposo Rafael L. Irizarry, para llevar a cabo estos proyectos.

Prólogo

En el Siglo XIX las escuelas públicas en Puerto Rico pertenecían a y eran supervisadas por los municipios. Las experiencias fueron muy variadas. En la primera mitad del Siglo XIX, Camuy, por ejemplo, tuvo una junta local de instrucción pública que, por muchos años, se reunió fielmente una vez al mes, para constatar que Camuy no tenía maestro y que en el último mes nada se había hecho para contratar a uno. Las Actas de la Junta de Instrucción de Camuy de la primera mitad del Siglo XIX son reveladoras de actitudes todavía muy arraigadas hacia la educación pública en Puerto Rico. Parecería que todo el mundo está a favor de ella, pero nadie quiere hacer nada al respecto.

¿Nadie? No es esa la tesis del libro de Ana Helvia Quintero. Encuentra que se han hecho varios y muy buenos estudios sobre la educación en Puerto Rico, pero que las recomendaciones de los estudios rara vez se instrumentan en el salón de clases. Cómo lograr el cambio educativo viene a ser el problema esencial de una reforma educativa.

En ese proceso la participación de los maestros, de los padres y de los propios estudiantes viene a ser esencial. Una larga experiencia le permite a la autora resaltar momentos claves en ese proceso. La experiencia, teñida por la reflexión crítica, posibilita unas guías y sugerencias específicas que cautelosamente la autora va señalando en su trabajo.

Este es un libro para hacer pensar a los educadores. Pensar, no en teorías, sino en posibilidades. El abanico de opciones a disposición de los que quieran hacer del salón de clases un vivero de inquietudes e ilusiones es amplio. La imaginación potencia los esfuerzos sistemáticos y emplaza las voluntades. Aprender de los estudiantes para poderles enseñar es un riesgo que tiene que tomarse cualquiera que quiera seguirse llamando maestro. Cómo reflexionar sobre ese aprendizaje es lo que Ana Helvia Quintero nos plantea.

Fernando Picó

Introducción

En Puerto Rico, como en muchos otros países, la educación se ha convertido en uno de los asuntos públicos de mayor importancia. Hay un consenso general entre los educadores, políticos y padres, para mencionar algunos grupos, de que nuestro sistema educativo necesita mejorarse. El Departamento de Educación, a su vez, ha hecho esfuerzos encaminados a cambiar esta situación. Sin embargo, aunque durante los últimos veinticinco años se han desarrollado diferentes alternativas, considero que éstas se mantienen dentro de marcos conceptuales ya establecidos, limitando las posibilidades de un verdadero cambio.

Uno de los elementos que obstaculizan el desarrollo de la escuela que soñamos es la noción que rige el proceso mismo de cambio. Corrientemente se ve el cambio educativo como un evento y no como un proceso. Durante los últimos siete años he estado trabajando precisamente en proyectos dirigidos a mejorar nuestro sistema educativo. En éstos se parte de un modelo diferente sobre cómo debe darse ese cambio educativo. La experiencia, tanto del quehacer en estos proyectos, como del proceso de intercambio y reflexión que se ha generado en torno a ellos ha sido una experiencia llena de aprendizaje, la cual comparto con el lector a través de los ensayos que incluyo en este libro.

El primer trabajo "Hacia una agenda para la investigación educativa", presenta el análisis de un estudio que preparó el Centro de Investigaciones e Innovaciones Educativas (CIIE), adscrito al Consejo General de Educación, sobre la investigación pedagógica que hasta el momento se ha realizado en Puerto Rico. En éste se identifica lo que la investigación sugiere debe implantarse en la práctica educativa y las áreas que requieren estudio adicional.

El mencionado trabajo muestra que existen cinco estudios abarcadores del sistema educativo en Puerto Rico, realizados en diferentes momentos históricos:

de la Universidad de Columbia (1926, 1949), de la Comisión de Educadores Europeos (1959), del Dr. Ismael Rodríguez Bou para el Consejo Superior de Enseñanza (1961) y el más reciente encomendado por la legislatura a la Comisión de Reforma Educativa (1976). A pesar de la diferencia en el tiempo en que se llevaron a cabo, los hallazgos y recomendaciones que estos informes proponen son muy parecidos. Los problemas identificados se repiten estudio tras estudio. Cuando leemos sus recomendaciones parece que estuvieran hechas para nuestros días. Esta persistencia de los problemas nos lleva a preguntar qué función ha tenido la investigación en el proceso de mejoramiento del sistema educativo. Por los resultados de estos estudios, que nos muestran problemas similares a través del tiempo, podríamos deducir que las investigaciones parecen no haber tenido un impacto importante en su objetivo de mejorar nuestro sistema de educación pública. Este primer ensayo que presento analiza por qué, a nuestro entender, esto es así.

Esta situación no es particular de Puerto Rico. Otros países se han encontrado en una situación similar. Se ha planteado (por ejemplo, Husén 1989) que el problema estriba en que se presupone que los resultados de la investigación se pueden traducir fácilmente a prácticas educativas. Se piensa que basta con que el maestro conozca estos resultados para ponerlos en práctica. La estrategia, entonces, es llevar este conocimiento al maestro a través de talleres y cursos. Sin embargo, se ha comprobado (véase por ejemplo Sashkin y Egermeir, 1991) que esta estrategia, por sí sola, no funciona. Traducir los resultados de la investigación al salón de clases requiere indagación, exploración y experimentación. En el capítulo "Hacia una agenda para la investigación educativa", vemos que la investigación que se realiza en la práctica educativa es muy escasa y es la que más necesitamos.

Estos planteamientos fueron compartidos con los miembros del Consejo General de Educación, quienes acordaron que el énfasis en el trabajo de investigación que el CIIE desarrollaría, debía ser dirigido, precisamente, a este tipo de *investigación en la acción.* La posibilidad de experimentar y explorar las diferentes alternativas de educación a nuestro alcance en ambientes propicios para la reflexión, permite desarrollar, evaluar y refinar los resultados acumulados por la experiencia pedagógica, lo cual, a su vez, nos permitirá proponer avenidas para la innovación.

De hecho, a través de experiencias previas en las que se han intentado cambios en algunos elementos de la escuela, nos hemos percatado de que los procesos educativos están enlazados en una compleja red de relaciones que se afectan unas a otras. Así, por ejemplo, intentar cambiar la enseñanza de pasiva a activa, requiere una serie de cambios que van desde la noción de disciplina y la organización escolar, hasta el tiempo de que dispone el maestro para compartir con otros compañeros y para el proceso de creación de materiales, entre otros. Por esto, hacer cambios profundos en cualquiera de los componentes de la escuela afectará otros. Entendemos que para lograr cambios significativos, debemos hacer espacio y apoyar proyectos que intenten cambiar los diferentes componentes de una escuela. Para esto el CIIE desarrolló tres escuelas-laboratorio que experimentaron con formas diferentes de llevar a cabo el proceso de enseñanza-aprendizaje, la organización escolar, la estructura de poder y toma de decisiones, así como la relación de éstas con la comunidad de donde proceden los niños de la escuela.

El desarrollo de estas escuelas fomentó el estudio y el diálogo entre maestros, principales, superintendentes, otro personal administrativo y profesores universitarios en términos de una acción constructiva. Ayudó así a avivar la imaginación en busca de alternativas, tanto para las escuelas, como para los programas de preparación de maestros. Lo que hemos aprendido en el desarrollo de las escuelas laboratorio, así como en el intercambio con maestros, directores, superintendentes y otro personal del sistema queda resumido en los otros ensayos que integran el libro.

"Hacia un modelo ecológico para la escuela" analiza la visión y el concepto de la educación a partir de los cuales se desarrolla la escuela actual. Proponemos una visión alterna y estudiamos las implicaciones que tendría ésta para la escuela que soñamos.

En el ensayo "Estrategias de enseñanza que promuevan el aprendizaje con sentido" se profundiza sobre las implicaciones para la enseñanza de la investigación realizada en años recientes sobre el desarrollo cognoscitivo. Se analiza cómo debe cambiar la enseñanza para que esté en sincronía con la forma como aprendemos.

El cambiar la forma como uno ha enseñado por años no es tarea fácil. Hay que cambiar concepciones, actitudes, la forma de organizar el salón de clases, la forma de evaluar al estudiante. En el cuarto ensayo, "Aprendiendo a enseñar con sentido: Un proyecto de investigación en la acción", se analiza la experiencia de los maestros de las escuelas laboratorio al ir aprendiendo nuevas formas de enseñar.

"La centralización del Departamento de Educación: ¿enfermedad o síntoma?" estudia cómo una nueva pedagogía demanda para su realización cambios en la estructura administrativa del sistema.

En "El cambio educativo" se analiza cómo transformar la escuela actual partiendo de una visión diferente acerca de la labor de nuestras escuelas, así como la organización administrativa del sistema.

La visión que presentamos para nuestras escuelas requiere también un cambio en la forma como preparamos a los futuros maestros. El ensayo final, "Escuelas laboratorio: Implicaciones para la preparación de maestros" discute los cambios que sugerimos para los programas de preparación de maestros.

Considero que la tarea principal a para mejorar nuestro sistema educativo es ir desarrollando una visión diferente sobre lo que debe ser la escuela. Esta visión a su vez irradiará cambios en otros elementos del sistema, pues necesitamos un cambio *sistémico.* Espero que la experiencia y reflexión que recoge este libro, en torno a un proyecto que intentó promover ese cambio sistémico, colabore en el desarrollo de una visión diferente sobre lo que debe ser la escuela.

Referencias

Caselmann, C., Bonghi, L. y Bredsforff, M. 1959. "El sistema educativo de Puerto Rico".

González Ramos, P. (editor). 1977. "Informe final de la Comisión sobre Reforma Educativa".

Husen, T. 1989. "Educational Research at the Crossroads? An Exercise in Self-Criticism" en *Prospectus.* Vol. XIX, No. 3.

Rodríguez Bou, I. (editor). 1961. *Estudio del Sistema Educativo de Puerto Rico.* División de Investigaciones Pedagógicas, Consejo Superior de Enseñanza, Universidad de Puerto Rico.

Sashkin, J. y Egermeir, J. 1991. "School Change Models and Processes: A Review of Research and Practice" Working Draft. Office of Educational Research and Improvement.

Universidad de Columbia, 1926, 1949. *A Survey of the Public Educational System of Porto Rico.* Studies of the International Institute of Teachers College. Columbia University.

Capítulo I

Hacia una agenda para la investigación educativa[1]

La Ley Orgánica del Departamento de Educación crea el Centro de Investigaciones e Innovaciones Educativas (CIIE), adscrito al Consejo General de Educación, con la misión principal de llevar a cabo investigaciones y experimentos educativos; hacer acopio de las investigaciones e innovaciones en la educación que se estén realizando en o fuera de Puerto Rico; divulgar sus estudios y hallazgos; y a base de la experiencia investigativa hacer recomendaciones al Departamento de Educación sobre cómo mejorar el proceso de enseñanza-aprendizaje y la efectividad de las escuelas.

Como fundamento para desarrollar esta agenda, el CIIE ha iniciado un análisis sobre la investigación y los estudios pedagógicos que hasta el momento se han realizado en Puerto Rico. El interés principal del CIIE es desarrollar

---

[1]Este ensayo se realizó con la colaboración de los participantes de *La mesa redonda en torno a una agenda para la investigación educativa.* Esta reunión se llevó a cabo el 6 de marzo de 1992. El anejo 1 incluye el programa de la actividad y una lista de los participantes. Una versión de este ensayo se publicó en el volumen 28 de la Revista *Pedagogía* (1992).

investigación que colabore en el desarrollo de políticas educativas dirigidas a mejorar la enseñanza. Por esto el foco de nuestro análisis es aprender de la experiencia pasada, identificando los factores que facilitan y los que limitan, el desarrollo de una investigación que genere un conocimiento "útil" (*usable knowledge)* cuyas aplicaciones ayuden a mejorar la educación en nuestro país.

REVISIÓN DE LA LITERATURA DISPONIBLE SOBRE EL TEMA

Fuentes consultadas

Para desarrollar el análisis identificamos los centros de investigación pedagógica activos en el país; hicimos un inventario de los estudios que procedían de otras fuentes locales, como los solicitados por la Oficina del Gobernador, por las Comisiones Legislativas, por las diferentes agencias gubernamentales relacionadas en forma directa con el campo educativo, como el Departamento de Educación, y de manera indirecta, como el Departamento Contra la Adicción y el Departamento del Trabajo, entre otros, y asociaciones magisteriales como la Asociación de Maestros, la Federación de Maestros y la Asociación de Escuelas Privadas.

Incluimos en la búsqueda la investigación realizada por educadores en su carácter de profesionales independientes, la de los institutos, centros de investigación y escuelas profesionales donde se alude al tema de la educación o se trata algún aspecto de éste de una manera sistemática y otros centros educativos y de investigación, como el de Estudios del Caribe, el de Investigaciones Sociales, adscrito a la Facultad de Ciencias Sociales de la Universidad de Puerto Rico, la Escuela Graduada de Psicología de la Universidad de Puerto Rico y la Escuela de Planificación, entre otras posibles.

Para cubrir la investigación educativa llevada a cabo fuera del país sobre los problemas de la educación en Puerto Rico, condujimos una búsqueda bibliográfica utilizando el sistema DIALOG de la Universidad de Puerto Rico. Este sistema produjo un "corpus" bibliográfico bastante amplio y variado que estamos examinando en su diversidad y contenido y en la pluralidad de sus orientaciones metodológicas.

Al momento esta búsqueda continúa. Quisimos hacer un alto en este proceso para analizar lo que hemos visto y de aquí desarrollar la agenda de investigación que debe seguir el CIIE.

Clasificación de los estudios analizados

Los estudios que encontramos los podemos clasificar siguiendo diferentes criterios. Si tomamos como variable el ámbito del estudio podemos hacer dos grandes categorías: aquellos que intentan dar una visión macroscópica del sistema de educación pública, tomándolo en su conjunto; y los que enfocan su atención sobre los problemas particulares del sistema y los examinan desde su peculiar especificidad. Estos hacen abstracción, en la mayoría de los casos, de los problemas de impacto y articulación de ese aspecto o foco problemático sometido a examen y el resto de los elementos que componen el sistema.

Estudios macroscópicos

Los estudios que analizan la estructura del Departamento de Educación Pública desde una dimensión macroscópica son cinco: dos llevados a cabo por el Teachers College de la Universidad de Columbia (1926), (1948-1949); uno realizado por el Consejo de Educadores Europeos (1959); el coordinado por el Dr. Ismael Rodríguez Bou, y que contó con la colaboración de una gran cantidad de especialistas en diferentes áreas del campo educativo (1965); y el efectuado por miembros de la Comisión Conjunta Para la Reforma Educativa Integral (1976).

Todos estos trabajos intentan desarrollar análisis abarcadores del sistema, y coinciden en señalar los problemas raigales del Departamento de Educación y presentan lo que entienden son las posibles soluciones a estos problemas.

1926. El primer estudio de Teachers College (1926) fue solicitado por la legislatura. Tenía como meta fundamental evaluar el estado de los programas y servicios escolares que habían estado en uso durante veinticinco (25) años: 1900-1925. Los procedimientos utilizados para la evaluación pretenden ser exhaustivos, rigurosos y confiables. El análisis a nivel de detalle es profundo y abarcador. Se intenta determinar en cada sector, programa, proceso o procedimiento del sistema, cuál ha sido su impacto y se evalúa su efectividad de acuerdo a criterios rigurosamente cuantitativos. Posteriormente se hacen recomendaciones dirigidas a hacer más eficiente el sector sometido a examen.

1948-49. El segundo estudio de Teachers College (1948-49) reune las dos líneas metodológicas que se han identificado como base reguladora de los cinco (5) estudios macroscópicos que intentan analizar el sistema público de educación. Conserva el andamiaje de validación cuantitativa dentro de un alto nivel de rigor y anticipa las preocupaciones humanísticas que el estudio de los europeos (1959) proyectará como línea de desarrollo central. Este estudio también emplea el trabajo de campo como una forma de constatar el carácter y las diferencias propias de una cultura básicamente ajena a las tradiciones y los modos de concebir el mundo de la sociedad norteamericana. A diferencia del primer estudio que examina lo que existía en la Isla, éste organiza su contenido utilizando unos seis puntos identificados como las metas hacia donde debe dirigirse la educación puertorriqueña. También analiza hasta qué punto lo existente satisfacía las expectativas del equipo.

1959. El estudio de los educadores europeos (1959) analiza nueve componentes básicos del sistema. Atiende la función del maestro, estudiantes, padres y administradores; los objetivos de la educación, los planes de estudio y la relación enseñanza-aprendizaje. El estudio surge ante una petición del gobernador. Las recomendaciones que ofrecen son fundamentalmente de carácter pedagógico dentro de lo que podríamos caracterizar como una tradición humanista (ver Tabla 1). El énfasis está en fortalecer la educación entendida como experiencia cultural integradora. Su metodología, aunque examina una documentación que ofrece datos estadísticos y valoraciones cuantitativas mantiene el desarrollo analítico de las mismas. Quizás las pocas críticas que se le pueden hacer a este estudio son relativas al poco tiempo que estos educadores tuvieron a su disposición para entender detalladamente la situación educativa en Puerto Rico.

1965. El estudio del sistema educativo producido por la División de Investigaciones Pedagógicas del Consejo Superior de Enseñanza (1965) surge ante una petición de la legislatura. El coordinador general del estudio fue el Dr. Ismael Rodríguez Bou. El estudio, sumamente abarcador, cubre y examina los problemas en las áreas de currículo, preparación de maestros, centralismo del sistema, estilos de supervisión, infraestructura, financiamiento y servicios auxiliares al educando. Los estudios de los componentes son realizados por diferentes equipos de investigación. Éstos examinan en detalle cada uno de los programas y componentes de apoyo del sistema y hacen un acopio de sus problemas y deficiencias. Su esfuerzo analítico se dedica mayormente a formular recomendaciones sobre los recursos que necesita el sistema partiendo del modelo en vigencia.

Metodológicamente el estudio se apoya en dos estrategias básicas: los datos estadísticos y las opiniones de un grupo de especialistas del área sometida a examen.

1976. La Comisión sobre Reforma Educativa fue creada a petición de la legislatura en 1974, con la encomienda específica de "reformar el sistema educativo de Puerto Rico en su totalidad, tanto a nivel primario y secundario, como a nivel universitario". La Comisión entendió que era imperativo crear un organismo para realizar los estudios correspondientes con miras a identificar y analizar los problemas que confronta nuestro sistema y ofrecer recomendaciones encaminadas a llevar a cabo la reforma mediante la legislación que fuese necesaria. Entre 1975 y 1976 la Comisión rindió al Gobernador tres informes de progreso sobre su labor, los cuales se recogen en el informe final de ésta.

Los informes surgen luego de un proceso de vistas públicas, entrevistas, reuniones y análisis de documentos existentes en torno a la problemática de la educación en Puerto Rico, que incluían recomendaciones de grupos de consultores y estudios sobre las siguientes áreas: educación preescolar, elemental y secundaria, educación postsecundaria y superior; educación vocacional y técnica; educación especial; educación física (recreación, ocio y deportes); educación continuada y extensión cultural; arte; estructura y gobierno; financiamiento y regionalización.

El informe final recoge los planteamientos generales sobre la reforma educativa: conclusiones y recomendaciones y un anteproyecto de ley.

El diagnóstico y las recomendaciones de cada estudio recalcan aspectos diferentes de la situación educativa de acuerdo al contexto histórico en que cada uno se da. Sería interesante un estudio histórico que analizara con mayor profundidad el contexto de estos estudios, el propósito y el paradigma que mueve a sus autores. Así podríamos entender mejor sus resultados y sus efectos en el sistema. Estos temas podrían ser base para tesis de estudiantes de maestría o doctorado.

A pesar de las diferencias en los estudios existen unos temas que se repiten en la mayor parte de ellos y que se resumen en la Tabla 1. Sería de mucha utilidad realizar estudios históricos que nos permitan entender las razones por las cuales persisten y continúan estos problemas.

TABLA 1

Resumen del diagnóstico y las recomendaciones de los cinco estudios macro

Diagnóstico	**Recomendaciones**				
	Primer estudio de la Universidad de Columbia 1926	**Segundo estudio de de la Universidad de Columbia 1948-49**	**Educadores Europeos 1959**	**Consejo Superior de Enseñanza 1965**	**Comisión Conjunta para la Refirna Educativa Integral 1976**
Ausencia de una filosofía que enmarque la gestión educativa y cultural.	Establecer una filosofía educativa como un marco que dé dirección a la práctica.		Desarrollar una filosofía entendida no como una serie de principios teóricos que va a regular la práctica docente, mas por el contrario, partir de la práctica y las necesidades sociales, para orientar la con-ceptualización de unos objetivos generales que deben guiar el sistema, pero siempre sujetos a una revisión constante a base de las necesidades	Establecer una filosofía educativa como un marco que dé dirección a la práctica.	Establecer una filosofía para todo el sistema de Educación y Cultura de Puerto Rico y los propósitos, objetivos generales y directrices para cada una de las áreas y niveles.

Ausencia de sistemas integrales y continuados de investigación, planificación y evaluación. (Se refleja en la falta de continuidad en el esfuerzo de largo plazo).	Crear una división de investigación y construcción curricular.		Crear un programa graduado donde se enfatice la investigación educativa como una función inherente a la Universidad.	Desarrollar una oficina de planificación que comprenda las actuales divisiones de Estadística y Planificación Escolar.	Desarrollar sistemas integrales y continuados de planificación y evaluación.
Irrelevancia del currículo (se refleja en bajo aprovechamiento, alta deserción y fracasos).	–Transformar el currículo de uno centrado en las asignaturas a uno centrado en los niños. –Crear un currículo que proveyese para las diferencias individuales de habilidades, intereses y necesidades. –Cambiar el enfoque de que la preparación para la universidad es la meta principal de la educación secundaria.	–Establecer un programa de estudio y unas estrategias educativas que partan de los intereses y las necesidades de los estudiantes. –Integrar la enseñanza vocacional al programa regular de educación secundaria. –Cambiar el enfoque de que la preparación para la universidad es la meta principal de la educación secundaria.	–Dirigir la educación infantil pre-escolar hacia el desarrollo del potencial imaginativo y creador del niño. –Establecer coherencia entre las finalidades y propósitos de la educación y la práctica. –Crear en la escuela secundaria un currículo atractivo y pertinente para mantener dentro del sistema al mayor número de estudiantes.	–Los cambios en el currículo deben relacionarse con los cambios sociales producidos por la industrialización y el crecimiento económico. –Los cambios deben fundamentarse en la investigación y la experimentación con problemas de la realidad puertorriqueña. –Mayor articulación entre los niveles escolares y entre los objetivos de la educación.	–Colocar al educando como el centro y recurso principal de la educación, y disponer de mecanismos para operacionalizar este principio en forma efectiva. –Establecer un adecuado balance curricular entre la preparación para la vida práctica inmediata y la preparación para las necesidades futuras de la vida.

(Viene de la página anterior)

Diagnóstico	Recomendaciones				
	1926	1948	1959	1965	1976
	–Enfatiza en mejorar la adquisición del inglés.	–Enseña el inglés como una asignatura.	–Promover el interés del estudiante a través de programas con una temática y articulación pertinente a sus necesidades.	–Mayor rigor académico –Elaborar más y mejores materiales de enseñanza. –Atender las diferencias individuales.	
Necesidad de mejorar la educación vocacional.	Creación de un grupo de escuelas especializadas en la instrucción vocacional agro-industrial que sirva como instrumento para el desarrollo económico.	Integrar la educación vocacional al programa general.	Proveer una educación que cumpla con las necesidades de los estudiantes como individuos y familiarizarlos con las agencias gubernamentales relacionadas con el mundo del trabajo.	Fortalecer un programa de rehabilitación vocacional e integrarlo a la División de Instrucción Vocacional.	Crear un área de libre acceso, el área de educación ocupacional y de transferencia, más avanzada que el nivel secundario, donde los programas ocupacionales y de educación general se complementen efectivamente.

Limitaciones en la capacidad del maestro.	Incrementar el número de maestros a incorporar dentro del sistema de instrucción y elevar su nivel de formación profesional.	Desarrollar un tipo de maestro capaz de colaborar en la creación del programa curricular y enriquecer con su experiencia educativa el proceso de aprendizaje.	Establecer un proceso de selección más riguroso y una experiencia teórico-práctica universitaria mucho más relevante y directamente vinculada con las necesidades de los educadores y la sociedad.	Fortalecer el nivel de calidad de la enseñanza a través de un proceso de formación del personal docente más riguroso y con mejores beneficios para la profesión.	Se dan recomendaciones generales para la preparación universitaria.
Limitaciones de naturaleza gerencial.	Reorganizar la administración central en sus programas; prácticas de control, archivo y contabilidad; supervisión, evaluación y planificación.	Descentralizar, mayor autonomía a nivel medio y de base.	–Dividir los poderes dentro del DIP, dar mayor participación a sus miembros (padres, maestros, alumnos, administradores) en el proceso de creación y puesta en práctica de la política educativa. –Crear un comité permanente de nombramientos de superintendentes, supervisores y principales, compuesto por el Decano y dos profesores de la Facultad de Pedagogía y dos directores de división del Departamento.	Decsentralizar el sistema para mejorar las relaciones de supervisión y fortalecer la labor docente y los procesos de evaluación, planificación y financiamiento.	Establecer una estructura y una organización que provea para: la participación de los diferentes componentes; la continuidad necesaria que permita a su vez incorporar los cambios que se justifiquen; autonomía básica para la gestión creadora.

(Viene de la página anterior)

Diagnóstico	Recomendaciones				
	1926	**1948**	**1959**	**1965**	**1976**
Limitaciones presupuestarias.	Desarrollar a través de todas las agencias estatales y federales directamente vinculadas a la actividad educativa un plan de financiamiento a largo plazo.	Desarrollar una política general de financiamiento a largo plazo planificando responsablemente el gasto público.		Distribuir equitativa y eficazmente de los fondos disponibles para que todos los elementos del sistema puedan desarrollar sus operaciones con rapidez y eficiencia.	Usar eficientemente los recursos. Las recomendaciones permiten reducir al máximo la inversión de nuevos recursos, ya que dispone y facilita la incorporación de estrategias de alto poder multiplicador del rendimiento general del sistema.

Estudios micro

Los hemos dividido en cuatro grandes categorías: estudios periféricos, estudios institucionales, estudios curriculares y de producción de material didáctico, y estudios orientados hacia el desarrollo de programas para el mejoramiento profesional de todos los componentes del sistema. A continuación presentamos varios ejemplos:

1. Estudios periféricos. Son los que tienden a mejorar de manera indirecta la relación enseñanza-aprendizaje.

1967. Necesidad de conocer y entender a los alumnos que están en escuelas en áreas de privación cultural. Trata de identificar las necesidades, los intereses y las características de esa clase de estudiantes; por Lucrecia Morales de Padró.

1984. El efecto de la orientación grupal en el autoconcepto de estudiantes talentosos desventajados en lo económico y lo social en una escuela metropolitana; por Minerva Ruiz de Cuadales.

1988. Estudio sobre causas de deserción en los jóvenes delincuentes en una institución de corrección; por María Elena Rosario Ramírez.

1989. Estudio comparativo entre desertores escolares y los estudiantes activos; por Jesús Márquez del Valle.

2. Estudios institucionales. Se relacionan con los procesos de mejoramiento del aparato administrativo, con las relaciones y modos de supervisión en los diferentes niveles de organización del sistema y con las formas de información y transmisión de las políticas educativas-administrativas.

1985. Estudio sobre vandalismo escolar; por la División de Investigación e Innovación Educativa del DIP.

1988. Las frustraciones de los maestros frente a las prácticas inadecuadas de supervisión en el sistema escolar puertorriqueño; por Ana Luisa Rodríguez Rivera.

1989. El director de escuelas como líder institucional y su efecto en el grado de utilización de la tecnología educativa en la sala de clases; por Manuel A. Villalobos.

3. Estudios curriculares y de producción de material didáctico

1967. Elementos culturales de los Estados Unidos Continentales en los libros de texto para la enseñanza del inglés en Puerto Rico, en los grados cuarto, quinto y sexto; por Luz M. Dones Reyes, Rafaelina Rodríguez de Dávila y Teodoro Correo Alvarado.

1986. La música como estrategia para desarrollar las artes del lenguaje en la educación; por William Agosto Negrón.

1988. Análisis de los procesos de selección y adopción de libros de texto en el DIP; por Esther Orabona Ocasio.

1988. El efecto de la estrategia de inquirir, el estilo cognoscitivo y el aprovechamiento académico sobre la solución de problemas-currículo- método de enseñanza y ayudas educativas; por Migdalia Oquendo Cotto.

4. Estudios orientados hacia el desarrollo de programas para el mejoramiento profesional de todos los componentes del sistema. Esta categoría consiste en adiestramientos, cursillos, cursos intensivos, seminarios, y estudios especializados en períodos de corto o de largo plazo.

1967. Efectos de un particular tipo de educación en servicio en un grupo de maestros de nivel secundario de las escuelas públicas de Puerto Rico; por Viola Lugo de Meléndez.

1968. La efectividad de un seminario sobre problemas educativos en el mejoramiento profesional de un grupo de maestros; por Esther Cuadra de Franceshi.

1983. Consideraciones en torno a la participación de los padres en la escuela pública puertorriqueña: modelo para la integración del padre a la escuela; por Sara Alicia López Alicea.

5. Otras formas de clasificación de estudios

Tomando como punto de vista la metodología los estudios se pueden clasificar en:

Estudios descriptivos. Utiliza encuestas que discuten las condiciones existentes y las necesidades principales del área bajo estudio. A esta categoría coresponden la mayor parte de los estudios.

Estudios experimentales. Interés en establecer la relación entre variables. Esta categoría es la segunda más numerosa.

Estudios cualitativos. Interés en explicar el porqué de una situación, a través de métodos etnográficos o de observación.

Investigaciones en la acción. A través de un proyecto en la práctica, se investiga tanto las posibilidades como las limitaciones de un cambio.

ANÁLISIS DE LA BÚSQUEDA

La labor de investigación educativa que hasta el presente se ha realizado en Puerto Rico puede ser analizada desde diferentes perspectivas. Dado el interés del Centro de Investigaciones e Innovaciones Educativas en desarrollar investigación que colabore a mejorar la política y práctica educativa, nuestro análisis enfocará en aprender de la experiencia pasada los factores y situaciones que apoyan este tipo de investigación.

En este sentido uno de los hallazgos que nos impactó fue la similitud de los problemas identificados y las recomendaciones hechas por los cinco estudios abarcadores que se han hecho del sistema. A pesar de llevarse a cabo en diferentes momentos históricos los hallazgos y recomendaciones de estos informes son muy parecidos. Los problemas identificados se repiten estudio tras estudio. Cuando leemos sus recomendaciones parece que estuvieran hechas para nuestros días.

Esta continuidad en los problemas nos lleva a preguntar por la función que ha tenido la investigación y los estudios en el proceso de mejoramiento del sistema educativo. Por los resultados de estos cinco estudios, que muestran una persistencia en los problemas, la investigación y los estudios parecen no haber tenido un impacto importante en mejorar nuestro sistema de educación pública. Es pues necesario analizar por qué.

Contestar esta pregunta no es fácil. Muchas variables se entretejen en esta situación. Las variables que hacen que los diferentes tipos de estudios no tengan mayor impacto en la práctica no son exactamente las mismas. Así las razones para que la investigación no impacte diferentes niveles y componentes del sistema son variadas.

Es interesante mencionar aquí que la falta de impacto de la investigación pedagógica en la política y la práctica educativa no es un fenómeno local.

Varios países que en los sesenta cifraron gran esperanza en la investigación educativa como instrumento para mejorar la práctica han sufrido desencanto con los resultados que se han obtenido (véase, por ejemplo Husén, 1989; y Shavelson, 1988).

Esto sugiere, entre las razones para el poco impacto de la investigación pedagógica en la política y la práctica educativa, algunas que trascienden nuestro país. Éstas surgen de la forma como se ha definido la investigación pedagógica y su relación con el desarrollo de política educativa.

A continuación analizamos varios modelos sobre la forma como se concibe el uso de la investigación, apuntando sus fortalezas y debilidades. Partiendo de este análisis estudiaremos los elementos que han contribuido a que la investigación pedagógica tenga poco impacto en la política educativa puertorriqueña.

Modelos para la relación entre la investigación y la educación

Carol Weiss (1979), quien ha estudiado el problema del uso de la investigación en el desarrollo de política en las ciencias sociales, presenta diferentes modelos sobre la forma como se concibe el uso de la investigación en las ciencias sociales que es de utilidad para nuestro análisis. Al presentar los modelos traduciremos los ejemplos al área de educación.

Modelo lineal. Corrientemente se piensa que la relación entre la investigación pedagógica y el desarrollo de la política educativa sigue el modelo de las ciencias físicas: investigación básica → investigación aplicada → desarrollo → aplicación.

Este modelo parte de tres premisas que es necesario revisar:

1. que la práctica educativa sigue las políticas educativas,
2. que el desarrollo de política educativa parte del conocimiento,
3. que el método que debe utilizarse para desarrollar el conocimiento educativo es el método científico.

El análisis de estas tres premisas, que hacemos en los recuadros, deja ver que este modelo no funciona en la mayor parte de los problemas educativos.

El método científico y la educación. El paradigma que se utiliza para definir la metodología de la investigación pedagógica son las ciencias naturales.

De hecho, del análisis de las investigaciones y los estudios se observó que su gran mayoría utilizaba un enfoque experimentalista. Esta idea de que el método científico es el empírico experimentalista se basa en la noción de que la tarea principal de las ciencias naturales es descubrir las leyes y mecanismos que rigen el mundo animado e inanimado. El método científico sirve de guía al científico en esta tarea. Se plantea que este método conduce el proceso de descubrimiento a través de unos pasos organizados en una secuencia muy específica:

- observación de datos,
- desarrollo de hipótesis partiendo de generalizaciones o patrones inducidos de las observaciones,
- verificación de la hipótesis por medio de la experimentación, o de observación de los fenómenos, o procesos empíricos controlando las variables.

En la experimentación las técnicas cuantitativas se ven como esenciales para el éxito de esta disciplina. Se piensa entonces que la investigación pedagógica debe seguir el método científico en el proceso de descubrir las verdades y principios que rigen el área bajo estudio.

En la historia de la humanidad, la visión sobre qué es la ciencia ha cambiado. Desde el siglo XVII se ha pensado que la tarea de la ciencia es descubrir las leyes que rigen el mundo natural. El método científico sirve de guía al investigador en esta tarea. Esta visión sobre la ciencia es aún muy generalizada. Sin embargo, desde 1934 comienzan a surgir una serie de fuertes críticas a esta posición (Popper, 1934, Toulmin, 1953, Hanson, 1958, Kuhn, 1962, Putnan, 1962). Y ya para 1960 esta posición es descartada por la mayoría de los filósofos de la ciencia.

A continuación discutiré algunas de las concepciones generalizadas sobre la ciencia que este último grupo de críticos ha demostrado que son erróneas.

Primer mito. Se piensa que el desarrollo de la ciencia parte de unas observaciones que, al ser aprehendidas directamente de la naturaleza por el científico, son completamente objetivas.

Los críticos a esta visión que mencionamos anteriormente, plantean que la noción generalizada sobre la objetividad de los datos es falsa. Traen evidencia de que *los datos no se aprehenden directamente, sino que se dan dentro de un marco conceptual y se afectan por nuestra forma de ver el mundo (Weltanschauung).* Dada esta crítica, debemos aclarar dos sentidos de la palabra "ver". Dos personas mirando un mismo fenómeno reciben el mismo dato sensorial. En ese sentido "ven" lo mismo. Sin embargo, cuando nuestra mente aprehende el dato sensorial, no lo hace directamente, sino a través de unas estructuras mentales que le dan forma. Si estas estructuras difieren, entonces "vemos" el fenómeno en formas diferentes. Kuhn (1962) plantea que las observaciones y experiencias limitan lo admisible, así no caemos en un completo subjetivismo, pero no lo determinan. En su argumentación, él trae diferentes ejemplos históricos que muestran cómo científicos trabajando con el mismo fenómeno lo veían en forma diferente. Kuhn también cita investigaciones psicológicas que prueban que *la percepción está mediada por nuestra estructura conceptual.*

Estas críticas atacan uno de los mitos sobre la ciencia: la de pensar que ésta describe en forma objetiva las leyes naturales.

Un segundo mito sobre la ciencia, es pensar que lo básico en la ciencia son los datos. La teoría se construye desde los datos, al generalizar observaciones sobre la naturaleza hechas en forma sistemática. La realidad es otra.

La investigación científica se origina, no en los hechos objetivos por sí solos, sino en una concepción, una construcción de la mente. Esta concepción nos dice qué hechos buscar en la investigación. Ella nos dice qué significado adjudicarle a estos hechos.

Por ejemplo, al inicio de la investigación en la fisiología no se sabía que el funcionamiento del organismo humano lo llevan a cabo partes diferentes, que cada parte tiene un carácter o una función en la economía del todo. En consecuencia, no se sabía que los hechos que había que buscar en la investigación fisiológica son los hechos de la estructura de cada órgano, de su acción observable y qué le sucede al organismo cuando se remueve cada órgano. Por el contrario, los conceptos de órganos y de función se desarrollan antes del conocimiento preciso de estas materias. De hecho, se desarrollan precisamente para hacer factible dicho conocimiento mediante la investigación. Estas concepciones son los principios, las guías de la investigación, no sus frutos inmediatos.

En otras palabras, las decisiones sobre qué hechos buscar en el curso de una investigación y qué significados asignarles, se toman *antes* de conocer estos hechos. También el conocimiento que se alcanza mediante la investigación no es meramente conocimiento de hechos, sino de hechos *interpretados.* Y estas interpretaciones dependen de los principios conceptuales de la investigación. Por ejemplo, no anotamos meramente los numerosos cambios que demuestra un animal al cual se le haya removido experimentalmente algún órgano. Interpretamos estos cambios como indicaciones de la función, ahora perdida, que llevaba a cabo el órgano removido. Esta interpretación de los hechos es la conclusión que se deriva del experimento y depende de los conceptos de órgano y función tanto como de los hechos observados.

Los datos sí son importantes en la ciencia, pero no como fuente de generalización de teorías, sino como medio de probar las teorías en discusión. El foco de la ciencia no es experimentar en búsqueda de patrones y leyes, sino el uso de la razón, observación y experimentación en el desarrollo de teorías prometedoras.

Finalmente, debemos comentar sobre un tercer mito. Se piensa que el éxito de la ciencia se debe al uso de técnicas cuantitativas. Kuhn (1961), en un artículo sobre la función de las medidas en la física, muestra la falacia de este argumento. Él ejemplifica su punto describiendo el desarrollo de las teorías de Newton.

Cuando Newton elabora su teoría a finales del siglo diecisiete, solamente la tercera de sus leyes (igualdad de acción y reacción) podía investigarse en ese momento directamente por medio de la experimentación. Las pruebas experimentales del resto de la teoría se desarrollaron mucho más tarde, cuando surgieron nuevos instrumentos que permitieron esta medición. Ahora bien, el desarrollo de estos instrumentos partía de la teoría de Newton. Si Newton y sus contemporáneos hubiesen tenido que esperar la prueba cuantitativa para aceptar su teoría, estos instrumentos, que luego permitieron la verificación de la teoría, nunca se hubiesen podido desarrollar.

Vemos entonces, que el afán de muchos de convertir una disciplina en "científica" al proponer que sus principios surjan de la aplicación del método científico y de la cuantificación de las variables, parte de una concepción errónea sobre el desarrollo de las ciencias naturales. Estas no se desarrollaron siguiendo el método científico, sino por un proceso mucho más complejo que no se puede enumerar en una serie de pasos.

No quiero dar la impresión de que el método en la ciencia no tiene importancia. El método sí tiene importancia, pero éste varía dependiendo de la naturaleza de la investigación. Así, tenemos investigaciones donde el foco es definir y delimitar los problemas. En este tipo de investigación el método es la reflexión. Otro tipo de investigación está dirigida a verificar algún supuesto o investigar la relación entre variables. En este caso el método es empírico. Otras investigaciones van dirigidas a analizar una tarea o un proceso. Vemos, así, que el método depende de la tarea que tenemos ante nosotros y es una equivocación el pensar que, para que una investigación sea científica deba ser empírica.

También quiero hacer hincapié en que, si bien una investigación por no ser cuantitativa no deja de ser científica, la cuantificación y el uso de la matemática en general son de gran importancia en el desarrollo de la ciencia. La matemática, al abstraer el estudio de ciertas propiedades, le brinda a la ciencia la capacidad de construir modelos comprensibles de fenómenos naturales complejos y aparentemente inescrutables.

De la discusión anterior vemos que a la ciencia no la define un método específico. El método dependerá de la naturaleza del problema bajo estudio.

Considero, entonces, que nos debemos preguntar qué tipo de disciplina es la educación, qué problemas plantea, de manera que podamos analizar qué métodos debe seguir su investigación.

El conocimiento y el desarrollo de política educativa

El conocimiento puede ayudar a dar perspectiva al desarrollo de política educativa, pero no la determina. Esto se debe, entre otras cosas, a que las decisiones de política educativa no sólo envuelven conocimiento, sino valores y concepciones. Por ejemplo, cuando Inglaterra estaba revisando su política de escuelas superiores especializadas llevó a cabo una serie de investigaciones sobre las ventajas o desventajas de este sistema. Finalmente la reorganización general del sistema escolar fue el resultado de unos juicios de valor fundamentales no sólo sobre la educación, sino sobre la equidad, la igualdad de oportunidades y la división social. Por esto, la continuidad de los problemas que vemos en los estudios puede tener su raíz no en falta de conocimiento sino en valores y concepciones muy arraigadas en nuestra cultura escolar.

Sería, pues, de interés estudiar otros factores que puedan estar llevando a que continuemos con los mismos problemas y las mismas recomendaciones. Así los estudios históricos que analicen con mayor profundidad el contexto en que los cinco estudios macro se dieron pueden enfocar, entre otras cosas, el paradigma educativo que existía en ese momento, ¿ha cambiado ese paradigma? ¿han aportado los estudios a un cambio en este paradigma?

Otro factor que es importante analizar es cómo otras fuerzas de poder, por ejemplo, el poder económico o el político promueven un tipo de paradigma educativo.

Relación entre la práctica educativa y la política educativa

Existe la creencia generalizada de que la tarea principal al iniciar un programa es desarrollar la política educativa. Una vez la política se define, los pasos para implantarla se perciben como asuntos técnicos que se resolverán una vez se hagan los acuerdos iniciales. Esta creencia, a su vez, parte de los supuestos que han regido la administración pública y las ciencias sociales durante la mayor parte del siglo XX, influidos por el positivismo lógico. Así se acepta que las leyes que gobiernan el comportamiento humano existen independientemente del control humano y que las unidades de análisis en los sistemas sociales son muy similares en el tiempo y el espacio.

Una vez se aceptan estas premisas las organizaciones se configuran y se manejan siguiendo supuestos racionales. Por un lado se presupone que las políticas se adoptan porque se pueden justificar racionalmente y se puede mostrar que son para el beneficio de la sociedad. Por otro lado, ya que se presume unas situaciones homogéneas, los procedimientos que se desarrollan para solucionarlas se estandarizan. La educación se entiende, entonces, como un sistema cerrado caracterizado por el orden, la uniformidad, el equilibrio, las relaciones lineales y los resultados relacionados directamente a los insumos y predecibles del estado actual del sistema.

Un grupo de estudiosos ha argumentado que esta caracterización es inadecuada para entender sistemas sociales complejos y cambiantes como son los sistemas educativos (véase, por ejemplo, Argyris, Putnam y Smith, 1985; Miller, 1986; Weick, 1976). Para comenzar, los supuestos en los que se basa el positivismo lógico--la independencia de las leyes del comportamiento humano del control humano y la uniformidad del ambiente en el tiempo y el espacio--no se da en los contextos educativos. El comportamiento humano interactúa con fuerzas naturales y culturales (Miller, 1986). El ser humano tiene control, en gran medida, sobre las leyes que gobiernan su comportamiento, y el estudio de la historia y la sociología de la educación demuestra cómo cambian en el espacio y tiempo las unidades en un sistema educativo. Además, la investigación muestra como el sistema educativo no es una entidad monolítica (Quintero-Alfaro, 1972; Weick, 1976), mas bien está formado por diferentes grupos sociales con sus intereses propios.

El modelo de sistema abierto es, entonces, un mejor modelo para la educación. Un sistema abierto es uno donde se da la contingencia y las sorpresas, y es muy interdependiente con el ambiente. Ya que no hay unos principios que gobiernan este sistema, no podemos construir un programa de acción basado en el análisis racional. En la formulación inicial de la política tenemos que tomar en cuenta las dificultades de la implantación. La política y la implantación de ésta tienen que ir mano a mano. *Tenemos entonces que ver la implantación de la política no como un proceso lineal sino como una exploración, sin presumir que el territorio ha sido conquistado y delimitado, que los elementos desconocidos se han eliminado; por el contrario, está dispuesto a sorpresas y a descubrir lo desconocido.*

La implantación tiene, entonces, que estar acompañada por un proceso continuo de investigación. Claro está, el tipo de investigación que se requiere es uno que no sigue los cánones de la investigación empírica, sino los de la investigación en la acción. Este tipo de investigación se desarrolla en ciclos iterativos donde se identifica un problema, se planifica, actúa y evalúa.

Al desarrollar estas nuevas investigaciones, hay que demostrar creatividad en los medios y métodos que usamos. Debemos recordar que no es necesario imponer metodologías de otras ciencias para convertir la disciplina en una ciencia, sino buscar a través de la investigación y la crítica la metodología más idónea para los fines de la investigación.

Modelo de resolución de problemas. Este modelo plantea que el uso de la investigación en la educación se da en la aplicación directa de los resultados a alguna decisión pendiente. Podemos representar esquemáticamente este modelo en la siguiente forma:

> identificar información que hace falta buscar en los resultados de la investigación o de los estudios, o enviar a hacer una investigación o estudio que supla esta información interpretar estos resultados a la luz de las opciones de la decisión escoger la política.

El problema con este modelo al igual que con el anterior es pensar que las decisiones se basan en el conocimiento. Este método presupone que hay un consenso en las metas y lo que necesitamos es conocimiento. La mayor parte de las veces las diferencias se dan en las metas.

Modelo interactivo. Este modelo no presupone una relación lineal como la que hemos indicado, sino un método interactivo donde no sólo en el desarrollo de política pública, sino también en su implantación se da un proceso continuo de investigación reflexión acción nuevas preguntas investigación reflexión acción etc. Este modelo recoge mejor el acercamiento a un análisis de la realidad educativa que el modelo lineal. Su limitación estriba en que presume un diálogo entre investigadores y desarrolladores de política educativa. Este diálogo no siempre se da. De hecho, el diálogo puede ser más la excepción que la regla. Incluso como exponen Husén y Kogan (1984), las culturas del investigador y del desarrollador de política educativa, pueden ser y a menudo son culturas cuyos valores, lenguaje y objetivos difieren. Parte de la dificultad que tiene la investigación en impactar la política educativa es cómo sobreponer esta diferencia de culturas.

Modelo político. Frecuentemente ocurre que los desarrolladores de política pública luego de haber debatido por mucho tiempo algún asunto, adoptan como suya una posición que frecuentemente es difícil de cambiar. Las investigaciones y estudios se utilizan, entonces, en forma selectiva para apoyar una decisión que ya está tomada.

Modelo táctico. Este modelo se refiere a una práctica común de "sepultar" un problema controversial, sobre el cual no se quiere tomar una decisión, en un proceso de investigación.

Modelo de ofrecer perspectiva. Weiss piensa que esta es la forma en que la investigación en las ciencias sociales afecta mayormente el proceso de toma de decisión. En este modelo la investigación no logra tener una aplicación directa en el desarrollo de política pública, sino mas bien a través de su divulgación, va teniendo repercusión sobre cómo las personas piensan sobre diferentes asuntos y problemas.

Impacto de la investigación pedagógica en la educación en Puerto Rico

El análisis que acabamos de hacer nos demuestra que la relación entre la investigación educativa y la política educativa es mucho más compleja y difusa de lo que pensamos. Para que la investigación tenga mayor impacto en la política y práctica educativa tienen que darse cambios no sólo en la investigación, sino en la forma como se desarrolla la política y la práctica educativa. A continuación analizamos los factores que consideramos han limitado el impacto de la investigación en Puerto Rico en la política y en la práctica .

Ámbito de los problemas que se estudian

La mayor parte de las investigaciones que realizan las universidades estudian problemas específicos que no están integrados a un proyecto mayor ni tienen metas a largo plazo. No se observan grupos trabajando en forma sistemática algún tema o problema. Las escuelas no desarrollan trabajos de investigación alrededor de un tema como lo han hecho, en las Ciencias Sociales, grupos como los de Sidney Mintz y CEREP, o como ocurre en otros países (véase, por ejemplo Husén, 1990). Esta falta de grupos o escuelas trabajando un problema limita el tipo de tema que se puede abordar. En la educación inciden una serie de factores que se interrelacionan haciendo que los problemas educativos sean generalmente complejos. Si queremos resolver estos problemas tenemos que analizarlos tomando en cuenta toda su complejidad. Esto requiere que varias personas formen equipos que estudien en forma coordinada los diferentes aspectos del problema lo cual, como hemos explicado, no sucede en la actualidad. Para poder también tener mayor impacto en cómo se piensa sobre los problemas es importante el desarrollo de grupos o escuelas de investigación que divulguen esta visión con más fuerza. Es interesante estudiar el por qué lo escaso de estos grupos de trabajo.

Restricciones metodológicas

Otro factor que considero ha restringido las posibilidades de las investigaciones son las restricciones metodológicas que limitan el levantar preguntas importantes que quizás, al momento, no tenemos forma de investigar siguiendo los cánones de la investigación tradicional, pero que sí son importantes abordar. En estos casos, parte de la labor sería buscar la metodología apropiada. *Preocupa ver que muchas preguntas significativas no se abordan, ya que la investigación necesaria para aclararlas no cae dentro de los diseños experimentalistas "científicos".*

A diferencia de la ciencia, cuyo fin es desarrollar determinada estructuración de la experiencia, la Pedagogía se constituye alrededor de un quehacer práctico. Sheffler (1973) se pregunta si este quehacer educativo descansa sobre el desarrollo de una disciplina de la educación, o si por el contrario no existe una disciplina que abarque todos los problemas de la práctica educativa y la misma tiene que descansar en los conocimientos de diferentes disciplinas.

No considero éste el lugar para discutir tan difícil problema, pero sí coincido con Sheffler en que la educación es una tarea muy compleja cuyos problemas tienen que ser dilucidados en formas diferentes.

Por ejemplo, tenemos primero el problema de decidir los fines de la educación. Esta discusión tiene que guiarse por una reflexión filosófica y entran en ella problemas tan complejos como la naturaleza humana, la relación persona y sociedad, libertad y poder, etc.

Una vez decididos los fines que deben guiar el proceso educativo, tenemos que decidir los medios de llevar a cabo estos fines. En este proceso se debe integrar el conocimiento de diferentes disciplinas. Por ejemplo, al decidir sobre el tipo de enseñanza que vamos a impartir, debemos aprender lo que nos dice la psicología cognoscitiva sobre las consecuencias que diferentes tipos de enseñanza tienen en el aprendizaje a largo plazo; de las disciplinas de contenido, por ejemplo, ciencias, ciencias sociales, español, inglés, matemática, artes, debemos buscar los conceptos básicos que son necesarios para entender la disciplina; de la sociología, historia y economía debemos buscar qué tipo de programas ayudan al desarrollo económico y social de nuestra sociedad.

En el proceso de integrar estos conocimientos a la práctica educativa misma, la Pedagogía desarrolla teorías relacionadas con diferentes aspectos de esta práctica: aspectos administrativos, aspectos curriculares y aspectos didácticos. El desarrollo de cada una de estas áreas requiere el estudio sistemático de cómo integrar a la práctica el conocimiento producto de diferentes disciplinas. Además requiere el desarrollo de un conocimiento sobre cómo implantarlos en programas específicos o en el salón de clases.

Vemos entonces, que al limitarse al "método científico" la investigación pedagógica ha restringido los temas que aborda.

Visión sobre la relación de investigación y política pública

La visión generalizada sobre la relación entre la investigación y el desarrollo de política es el modelo lineal. Se considera, que una vez se tiene los conocimientos, éstos se aplican a la toma de decisiones o a la práctica. No se realizan por tanto otras tareas importantes para que se utilicen estos resultados.

Los cinco estudios abarcadores, así como un gran número de los estudios generados por el Departamento de Educación u otras agencias gubernamentales surgen ante una necesidad de desarrollar una política educativa. En el caso de los estudios abarcadores, entra en juego la política general del sistema; en el caso de los estudios específicos, entra la necesidad de desarrollo de una política específica, como por ejemplo, una política para minimizar la deserción escolar.

A base de la información que tenemos, no sabemos el impacto que han tenido los estudios micro en el desarrollo de la política sobre las problemáticas que intentaban iluminar. Sería útil investigar la relación que ha habido entre estos estudios y el desarrollo de la política relacionada con los mismos.

El libro de Quintero Alfaro (1972) ofrece luz sobre este problema en los años previos al 1960. Él plantea que el Departamento de Educación históricamente ha concentrado su tarea en la administración y supervisión del sistema educativo. Muy poca investigación ha guiado esta tarea. Una de las recomendaciones que se repite en la mayor parte de los estudios es la necesidad de que el Departamento dé mayor énfasis a la investigación. De hecho, una de las recomendaciones del primer estudio abarcador (Universidad de Columbia, 1926) es la creación de una división de investigaciones en el Departamento. Ésta se crea en julio de 1928.

A pesar de la creación de esta división la ausencia de estudios e investigación que ayuden en el desarrollo de la política y práctica educativa se siente en el Departamento. Quintero Alfaro (1972) describe su intento por desarrollar una planificación integral, que vinculara el estudio e investigación a la toma de decisiones. La descripción que hace de las dificultades que encontró muestran la situación de los estudios en el Departamento en ese momento (década del 60).

> La mayor dificultad del esfuerzo sistemático e integral de la planificación, sin embargo, era la ausencia y la imprecisión de los datos existentes y la ineficiencia del procedimiento que se seguía para obtener y analizar estos datos. Uno de los objetivos principales de esta oficina, y su tarea principal al comienzo, fue la de tratar de mejorar esa situación. Las estadísticas del Departamento eran muy crudas y se producían con demasiada tardanza. Había información sobre los alumnos, las escuelas, los maestros, pero esta información era de carácter global y permitía muy poca diferenciación y análisis. Apenas sí había coordinación entre el proceso de recopilación de estadísticas y el proceso evaluativo. Había, también, muy poca relación entre éstos y la formulación de la política escolar.
>
> Tómese, por ejemplo, uno de los asuntos más importantes para determinar la efectividad del sistema: el de los costos. El único dato que se podía obtener en una forma cruda era el de los gastos. Era fácil determinar lo que se asignaba al programa regular de instrucción o a la instrucción vocacional o de adultos. En forma no tan precisa podría encontrarse lo que se gastaba en los distintos programas de estas divisiones. Pero era imposible diferenciar los costos de uno de estos programas por escuelas o zonas. De hecho, era imposible comparar los gastos con los resultados, que es la única manera efectiva de determinar el costo. Se ofrecía como evidencia de progreso el aumento de los gastos, sin referirse a los resultados. Parece que existía la presunción de que, a mayores gastos, mejores resultados.
>
> Dada la crudeza de las estadísticas, junto a los hábitos ya descritos, se hacía muy poco uso de estas estadísticas. Se recopilaba información con demasiada

> frecuencia para corroborar un argumento, pero no precisamente con la idea de suspender el juicio hasta examinar los datos. Además, aun ante la mejor disposición, la información llegaba tarde y cruda, lo que obligaba a tomar decisiones con datos atrasados o incompletos.

Vemos entonces, que uno de los problemas que han tenido los estudios en afectar el proceso de toma de decisiones es la dificultad de conseguir datos confiables a tiempo. Este problema continúa hasta el día de hoy. No obstante, sabemos que existe un intento de computadorizar y sistematizar el recoger y organizar la información de forma tal que cree una base confiable de datos que permita el análisis de la situación previo a la toma de decisiones.

Visión sobre la relación de investigación e implantación

Si bien el Departamento de Educación siempre ha estado abierto a aceptar las recomendaciones de los estudios macro, a excepción del estudio de los europeos, considero que el problema ha estado en cómo se ha tratado de dar la implantación de estas recomendaciones. Por ejemplo, corrientemente la investigación educativa presenta resultados que dan un marco para la formulación de práctica en específico. Se piensa que el conocer estos resultados es suficiente para que a partir de éstos el maestro pueda aplicarlos. La realidad es otra. Los resultados que dan un marco para la práctica son resultados de índole general. Por ejemplo el principio de que la educación debe ser activa. Al tratar de aplicar este principio a la práctica nos encontramos con una serie de situaciones particulares para las cuales el principio se da en forma diferente. Poder usar un mismo principio en diferentes situaciones, requiere a su vez, investigación; una que en lugar de principios generales busque cómo éstos se dan en diferentes situaciones y con diferentes estudiantes. Así el tipo de actividad que requiere el aprendizaje del inglés puede ser diferente a la que requiere la matemática. De hecho, aún dentro de una misma disciplina, diferentes conceptos requieren actividades de índole diferente.

Junto a la variable de las disciplinas está la variable estudiante. Diferentes estudiantes requieren distinto tipo de atención. El maestro es esencial para poder atender a esta diversidad. *Es importante ir percibiendo la tarea de enseñanza como una de investigación constante. Esta visión de la enseñanza a su vez requiere que investiguemos cómo debemos preparar a los maestros para que sean constantes investigadores en la sala de clase.* De hecho, tanto la enseñanza universitaria actual como los talleres de desarrollo en servicio parten de una visión de la educación como un sistema cerrado. Así se justifican racionalmente los esquemas, se presentan ideas sobre cómo aplicarlos y se "entrena" al maestro a utilizar las estrategias deseadas. No se da espacio para que el maestro explore, investigue, invente, se equivoque y aprenda de sus errores. Dado el carácter abierto de la tarea escolar donde cada maestro tiene que buscar su propia alternativa, el ofrecer esquemas generales no atiende completamente la necesidad del maestro. Por eso gastamos millones en estos talleres y no vemos cambios significativos en cómo el maestro enseña.

Una de las áreas que requiere investigación es cómo desarrollar en el maestro una actitud de aprendizaje continuo, de manera que esté constantemente reflexionando y revisando lo que hace basándose en las particularidades de su salón. Tenemos también que buscar cómo apoyar y estimular esa tarea del maestro. *El maestro debe estar consciente del gran caudal de conocimiento que tiene sobre la realidad del salón de clase, de lo importante que es este conocimiento para la toma de decisiones en el desarrollo de currículo, la organización escolar y las actividades extracurriculares. Debemos promover el que los maestros comiencen a compartir el conocimiento que éstos generan en su actividad del salón de clase, tanto con otros maestros como con otras personas interesadas en la educación.*

Como discutimos en el ejemplo anterior, la investigación alrededor de cómo llevar los resultados de la investigación a la práctica, requiere integrar los actores de la acción. Así, al traducir los conocimientos sobre cómo se aprende, a cómo se enseña, es necesario que el maestro se integre en el equipo de investigación. Al traducir los conocimientos sobre política educativa a la acción es necesario que el personal que va a poner en práctica estas políticas participe en el proceso de investigación. Para esto es necesario desarrollar en este personal una actitud de *investigación en la acción.* Requiere también un clima administrativo que promueva esa actitud. Existen experiencias que muestran cómo un tipo de organización administrativa choca con la investigación en la acción.

Los estudios generados por el Departamento de Educación en el área de investigación en la acción, investigación que estudie el proceso de implantar una política o práctica son casi nulos. Como excepción se puede mencionar el desarrollo del programa especial de escuela superior llevado a cabo en 1960 con un donativo de la Fundación Ford y luego en 1964 los centros de currículo y los distritos guías.

Es interesante apuntar las dificultades que se dieron en este proceso:

Encontramos, sin embargo, que ni la estructura del gobierno, ni la del Departamento de Instrucción facilitaban la investigación y la innovación experimental. En parte por la falta de una tradición. El Departamento tenía una tradición práctica, es decir, su tarea principal había sido llevar programas a la acción. Así pues, no se veía un programa de investigación como una serie de preguntas para el futuro o una serie de contestaciones probables, sino más bien como una contestación ya definitiva. De esa actitud surgía la tendencia de querer aplicar o de empezar a debatir prematuramente asuntos que estaban sometiéndose a prueba. Había, además, unas estructuras administrativas que respondían a la organización y funciones tradicionales, pero no a las exigencias de la experimentación y la investigación. Dentro de las reglas corrientes para hacer nombramientos y para usar el presupuesto era imposible la flexibilidad requerida para la investigación. En 1968, a no ser porque el gobierno de Puerto Rico aprobó una recomendación nuestra para eximir al programa de distritos guías de las reglas corrientes de presupuesto y personal, hubiese sido imposible desarrollar este programa.

Era, pues, urgente explorar otras alternativas. Estudiamos instituciones como el Centro de Estudios Educativos del Canadá y los Laboratorios Regionales en Estados Unidos que se dirigían a atender situaciones y problemas como los que nos confrontábamos. Formulamos, discutimos y creamos una nueva institución que denominamos Centro Experimental para el Estudio del Desarrollo Educativo.[2]

Este centro funcionaría con relativa autonomía del Departamento de Instrucción, la Universidad de Puerto Rico y las demás universidades del país, aunque estaría coordinado por éstas. No repetiría ni reemplazaría los programas de investigación básica de las universidades. Más bien, fijaba una nueva dirección de la investigación educativa dirigiéndola al desarrollo educativo en condiciones de escasos recursos. Invertía el orden de la investigación y la acción promoviendo en primer lugar la acción innovadora e investigando las condiciones y los resultados de esta acción. Partiría de los resultados de las investigaciones básicas que las universidades realizan. Buscaría y probaría fórmulas y alternativas. Propulsaría conferencias, reuniones, informes. Serviría, pues, de base para nuevas investigaciones básicas a realizarse en las universidades, y para acciones prácticas a llevarse a cabo por el Departamento. Integraría, pues, la innovación y la investigación. Era, además, un mecanismo fundamental para hacer de la innovación un proceso continuo y sistemático (Quintero Alfaro, 1972, p. 111-112).

[2] Este Centro aunque se llegó a incorporar en 1968 no se materializó.

Vemos entonces, que integrar la investigación en la acción requiere un tipo diferente de organización administrativa. Como nos indica el análisis de los modelos que analizan la relación entre la investigación y la toma de decisión, la investigación en la acción requiere un diálogo continuo entre el investigador y el desarrollador de política. Para que éste se dé es necesario crear un puente entre estas dos culturas. Esto a su vez se debe reflejar en la organización administrativa.

¿Cómo lograremos desarrollar esta actitud? ¿Cómo promoveremos el desarrollo de organizaciones que permitan y promuevan esta actitud? Si nos interesa que la investigación tenga algún impacto en la acción es importante abordar estas preguntas.

PROPUESTA PARA UNA AGENDA PARA LA INVESTIGACIÓN EDUCATIVA

Como planteamos al iniciar este trabajo, el análisis de los estudios e investigación está aún en proceso. En este trabajo presentamos lo que pudimos concluir basándonos en los estudios que hemos repasado al momento. Este trabajo, a su vez, presenta una serie de interrogantes y de áreas que requieren mayor análisis.

No obstante del análisis que hemos presentado podemos concluir que parte de la dificultad de la investigación pedagógica para afectar la política y práctica educativa surge de una concepción errónea sobre cómo se da la relación entre investigación y desarrollo de política y práctica. La mayor parte de la investigación y los estudios presumen que esta relación se da siguiendo el modelo lineal o el modelo de la resolución de problemas. Hemos analizado la dificultad de estos modelos.

Para que la investigación pueda ser de utilidad para el desarrollo de la práctica o política educativa, tiene que ampliar tanto las áreas y problemas de estudio, así como la forma como los estudia. Ahora bien, el cambio no se debe limitar a la investigación, sino que debe darse también en la forma como se desarrolla la política educativa.

Así propongo que el proceso de desarrollo de política debe tomar en cuenta que la educación es un sistema abierto. Como tal, es un sistema con una estrecha relación con su entorno. Así, por ejemplo, el proceso de enseñanza-aprendizaje recibe insumos variados en diferentes ambientes. Varía también con los cambios que se dan en el tiempo. Por esto los principios de una política educativa no se pueden implantar en forma homogénea. El desarrollo de la política educativa tiene, entonces, que ir mano a mano con la implantación y debe ser un proceso permeado por una actitud continua de investigación y reflexión. Así la investigación es parte integrante del desarrollo de política.

Ahora bien, para que este proceso se dé, la investigación a su vez tiene que cambiar. La investigación requiere los siguientes cambios:

- Ampliar las áreas y problemas de estudio. Sugerimos que se integren estudios de otras disciplinas que inciden en la educación. Proponemos también que se estudien formas de educar que se dan fuera de la escuela.
- Ampliar la metodología y enfoques para estudiar estas áreas. El área de estudio y lo que queramos lograr determinará el enfoque que se tome. Así es necesario una *variedad de enfoques metodológicos:* descriptivos, experimentalistas, cualitativos, etnográficos, evaluativos y de investigación en la acción.
- Fomentar la formación de equipos o escuelas de investigación que estudien los problemas y toda su complejidad.
- Desarrollar mecanismos que sirvan de puente entre la investigación, la práctica y la política educativa. Estos mecanismos deben ser variados tales como: la investigación en la acción, dirigida a traducir los resultados de investigaciones en las disciplinas a prácticas educativas; procesos de divulgación, que traduzcan los resultados en información que ayude a cambiar la forma como se ven los problemas, tanto de las personas en la práctica como de los desarrolladores de política educativa; y desarrollo de personal que pueda servir de enlace entre la cultura de la investigación y la cultura del desarrollo de política.
- Entender que el proceso de toma de decisiones no es un proceso racional, sino que en éste entran consideraciones políticas, de grupos de presión, concepciones, etc. Por tanto, los resultados de la investigación tienen que afectar a estos diferentes actores. Para esto se requiere enfoques y acercamientos variados.

A la par que se dan estos cambios en la investigación es necesario que el proceso de toma de decisiones, así como el de implantación cambien. En ambos se debe promover un clima donde la actitud continua de inquirir, reflexionar y explorar sean valorizadas. Un clima que permita el equivocarse, donde los errores sean vistos como una oportunidad de aprendizaje, en lugar de avergonzarse de ellos. Que reconozca que los sistemas abiertos, como la educación, requieren evaluar continuamente la práctica y las políticas a base de las situaciones particulares que se presentan.

Para lograr estas metas es necesario que las diferentes instituciones involucradas en la labor educativa, asuman ciertas tareas y que se establezcan ciertas relaciones entre ellas. Sugerimos lo siguiente.

Departamento de Educación

La tarea principal del Departamento de Educación (DE) deberá ser desarrollar en todos los niveles un clima que promueva una actitud continua de inquirir, reflexionar y explorar. Para esto, es necesario que ocurran cambios en la estructura organizativa del DE, así como en las actitudes de su personal. La necesidad de estos cambios se confirma con el recuento que citamos del libro de Quintero Alfaro (1972), que explica cómo los intentos de desarrollar una investigación en la acción chocaron con la estructura organizativa del DE.

Al reflexionar sobre los cambios de la estructura organizativa que se requieren para facilitar la tarea de enseñanza e investigación, me he percatado de que no se limitan a cambios de estructuras, sino que demandan una transformación en los procesos de toma de decisiones, así como en el entorno en el cual se sitúan estas estructuras. Esto implica que el proceso de generar nuevas estructuras debe ir generando nuevos procesos decisionales, así como ambientes de trabajo. En el artículo de esta serie, "Centralización del Departamento de Educación: ¿Enfermedad o Síntoma?", profundizamos sobre este tema.

En este proceso de desarrollo de nuevas estructuras, la División de Investigación del DE debe jugar un papel importante. Por un lado esta División debe investigar el proceso de implantación de políticas que surgen del nivel central. Ahora bien, esta División podría también traer ideas e información al nivel central sobre intentos de innovación que surgen de los niveles intermedios o del salón de clase y cómo éstas chocan con la estructura actual del DE.

Para que estos procesos se puedan dar es fundamental que el DE desarrolle un sistema eficiente de recolección y análisis de datos. Éste permitiría evaluar constantemente los programas y proyectos, así como planificar, partiendo de un análisis del estado actual.

Universidades

Las universidades ejercen un papel muy importante en el desarrollo de la investigación educativa. Son las principales instituciones que nos mantienen en un diálogo internacional a través del cual conocemos el desarrollo de la investigación educativa en diferentes países y la reflexión en torno a ésta.

Las universidades deben también promover el diálogo entre las disciplinas. Dado que en la educación se entrelazan tantos problemas: psicológicos, sociológicos, filosóficos, etc.; es necesario el insumo continuo de estas disciplinas. ¿Qué nos dicen para la educación? ¿Qué tipo de investigación debemos realizar para traducir los marcos y resultados que estas disciplinas presentan en prácticas educativas?

En este proceso, así como en el de desarrollo de investigación educativa, el formar grupos que trabajen en forma constante y sistemática con problemas complejos sería muy positivo. Las universidades deben analizar qué tipo de ambiente propicia el desarrollo de estos grupos. En este sentido sugeriría que se rompan las barreras que existen entre facultades y se desarrollen equipos interdisciplinarios que miren los problemas desde los múltiples ángulos de éstos.

Sugiero que cada universidad desarrolle focos de interés. Así, por ejemplo, una universidad podría enfocar en los problemas organizativos, mientras otra podría especializarse en el estudio de la enseñanza del inglés como segundo idioma y otra podría estudiar cómo promover la igualdad, no sólo de acceso a la escuela, sino al conocimiento.

Es necesario también complementar los estudios dirigidos al desarrollo de conocimiento –en los cuales las universidades han estado trabajando– con estudios que investiguen en la acción cómo utilizar este conocimiento. Surge de nuestro análisis que este tipo de estudio requiere integrar a los participantes de la acción. Esto a su vez presenta otra agenda para las universidades.

El desarrollar maestros y personal directivo y administrativo con una actitud de investigación en la acción requiere que se revisen los programas de preparación de maestros. Poco pueden enseñar a aprender instituciones y programas que no están dispuestos a aprender. Cómo desarrollar programas de preparación de maestros para satisfacer las necesidades que hemos planteado es un tema que debemos analizar en una futura mesa redonda.

Además de promover estas actividades, las universidades deben tratar de clarificar cuáles son los verdaderos problemas de nuestro sistema educativo. Existe un desfase entre la realidad y el debate educativo. Para poder cerrar esta brecha entre la realidad y la discusión necesitamos identificar con claridad los problemas.

Planteaba el Prof. Fernando Agrait (1988): "Una de las grandes aportaciones que la universidad puede hacerse a sí misma y al país es ayudar al reconocimiento de esta situación y generar nuevos esquemas de análisis para sí, nuevas formas de mirar nuestra propia realidad, nuevas categorías, nuevas preguntas que tenemos que hacernos, si es que queremos realmente encontrar nuevos caminos, nuevas explicaciones y nuevas soluciones pertinentes para la universidad de hoy, para el Puerto Rico de hoy".

Es posible que el problema educativo con que nos confrontamos no parta de falta de conocimiento, sino del paradigma escolar que rige nuestras escuelas.

En su libro *The Structure of Scientific Revolution*, Thomas Kuhn argumenta que los cambios en las teorías de la ciencia no se dan por un aumento paulatino del conocimiento, sino más bien cuando surge una *nueva interpretación* de la situación bajo estudio. Así, por ejemplo, por siglos se pensó que la tierra era el centro del sistema solar. Bajo esta interpretación se analizaba y explicaba el mundo. Las observaciones que presentaban dificultad para la teoría geocéntrica (la tierra como el centro) se atendían alterando la descripción de las órbitas de los planetas de manera que ésta explicara mejor las datos. Poco a poco estos cambios llevaron a que las explicaciones de la teoría geocéntrica se hicieran sumamente complejas y confusas. A pesar de esta situación los científicos se mantenían en su teoría.

Algunos científicos, preocupados por la dificultad de la teoría geocéntrica para explicar las observaciones, comienzan a pensar en formas alternas de interpretar los datos. Surge así la teoría heliocéntrica, donde el sol pasa a ser el centro del sistema solar. Esta nueva teoría no se limita a refinar la teoría anterior, sino que cambia los fundamentos de ésta. Al así hacerlo la nueva teoría es capaz de explicar en forma más sencilla los datos observados. Sin embargo, de primera instancia no se logra convencer a la comunidad científica. Gran parte de la dificultad en aceptar la nueva teoría está en que la nueva interpretación conlleva cambios en muchas concepciones y actitudes que estaban muy arraigadas en los científicos de la época; por ejemplo, la creencia de que la tierra es estable y todo gira alrededor de ella. ¿Cómo explicar entonces una tierra en movimiento ante la aparente estabilidad que sentimos los que la habitamos? Cambiar estas concepciones no fue fácil. De hecho, son conocidos los grandes debates que se dieron entre científicos que sostenían diferentes posiciones, y lo difícil que fue lograr la aceptación de la nueva teoría. Esta situación que se dio con la teoría geocéntrica y la heliocéntrica se repite con diferentes instancias de cambio en otras teorías científicas.

Es posible que la educación necesite un cambio similar al que ocurrió en la astronomía y la física al intercambiar la teoría geocéntrica por la heliocéntrica, que se requiera cambiar las premisas sobre las que se desarrolla la escuela. Las universidades deben analizar si ésta es la situación de la educación en Puerto Rico.

Centro de Investigaciones e Innovaciones Educativas (CIIE)

El CIIE debe ser un mecanismo que promueva la colaboración entre las diferentes instituciones interesadas en mejorar nuestras escuelas. Podría convertirse en un Centro de encuentro donde se identifiquen y discutan problemas y alternativas, se promueva el intercambio y la colaboración en el análisis y la investigación. Este proceso de colaboración no sólo ayuda a mejorar las escuelas, sino que provee un foro de intercambio entre las universidades, tan importante para enriquecer sus programas.

El CIIE debe también asumir un papel de centro de información, traducción y divulgación de los resultados de la investigación. Aparte de la investigación que realizan los profesores en su carácter individual existen diferentes centros de investigación en el país. El CIIE debe desarrollar una red entre estos centros. Como parte de esa red debe desarrollar un catálogo con todas las investigaciones que se están llevando a cabo, tanto por profesores en forma individual como por los centros de investigación. Se debe publicar una hoja anual donde se informe a los diferentes centros e investigadores sobre las investigaciones que están llevándose a cabo. Este compartir puede ayudar a la colaboración y a formar grupos de trabajo.

El CIIE también debe traducir los resultados de las investigaciones en términos que ayuden a los maestros y a los desarrolladores de política educativa en sus respectivas tareas. Debe producir una revista ágil que lleve esta información a estos grupos. La revista debe también integrar las investigaciones en la acción que estén llevando a cabo maestros, u otro personal del DE, de las universidades o del CIIE. Además de la revista se deben promover conferencias, talleres y reuniones para intercambiar esta información.

Finalmente, el CIIE podría convertirse en líder de un proceso para identificar las áreas de prioridad para la investigación educativa en el país. Una vez identificadas las prioridades debe promover que las universidades y el Departamento de Educación dediquen gran parte de su esfuerzo investigativo al estudio de las mismas. El CIIE también debería enfocar su labor de investigación a estas prioridades promoviendo que equipos con representantes de diferentes instituciones se dediquen a estas investigaciones.

Es importante apuntar que este proceso de identificar prioridades debe estar en constante revisión ya que nuevas circunstancias pueden requerir nuevas prioridades.

Referencias

Abbagnano, N. y Visalberg, A. *Historia de la Pedagogía.* México: Fondo de Cultura Económica, 1964.

Agrait, F. Discurso de Graduación en el Colegio Universitario de Cayey, 1988.

Argyris, C., Putnam, R. y Smith, D. *Action Science.* San Francisco: Jossey-Bass, 1985.

Caselmann, C., Bonghi, L., Bredsford, M., *El sistema educativo de Puerto Rico,* Informe al Gobernador, 1959.

Comisión sobre Reforma Educativa, Informe final. Hato Rey: Departamento de Instrucción Pública, 1977.

División de Investigaciones Pedagógicas del Consejo Superior de Enseñanza, Estudio del sistema educativo. Río Piedras: Universidad de Puerto Rico. 1965.

Hanson, N. R. *Patterns of Discovery.* Cambridge: Cambridge University Press, 1958.

Husén, T. "Educational Research at the Crossroads? An Exercise in Self-Criticism" in *Prospectus.* XIX. 3 (1989).

Husén, T. y Kogan, M. *Educational Research and Policy.* New York: Permanon Press, 1984.

Husén, T. "Swedish Education in an International Perspective" in *Swedish Research in a Changing Society.* Editores Härnqvist, K. y Svensson, N. E., Hedemona: Gidlunds bokförlag, 1990.

Kuhn, T. S. "The Function of Measurement in Modern Physical Science" in *The Essential Tension.* Chicago: The University of Chicago Press, 1961.

_____. *The Structure of Scientific Revolution.* Chicago: University of Chicago Press, 1962.

Miller, T. C. "A Design Science Perspective" in T. C. Miller (Ed), *PublicSector Performance.* Baltimore: Johns Hopkins University Press, 1986.

Popper, K. P. *The Logic of Scientific Discovery.* London: Hutchinson & Co., 1934.

Putnan, H. "What Theories are Not" en Nagel, Suppes y Tarski; *Logic, Methodology and the Philosophy of Science Proceedings of the 1964 International Congress of Logic Methodology and the Philosophy of Sciences.* Amsterdam: North Holland, 1962. pp.240-251.

Quintero, Alfaro, A. G. *Educación y Cambio Social en Puerto Rico.* San Juan: Editorial de la Universidad de Puerto Rico, 1972.

Rodríguez, Bou, I. (editor). 1961. *Estudio del Sistema Educativo de Puerto Rico.* Divisi6n de Investigaciones Pedag6gicas, Consejo Superior de Enseñanza, Universidad de Puerto Rico.

Sashkin, M. y Egermeir, J. 1991. "School Change Models and Processes: A Review of Research and Practice" Working Draft. Office of Educational Research and Improvement.

Scheffler, I. *Reason and Teaching.* New York: The Bobbs-Merrill Co. 1973.

Shavelson, R. J. "Contributions of Educational Research to Policy and Practice: Constructing, Challenging, Charging Cognition" en *Educational Research.* 17. 7 (1988). 4-11.

Toulmin, S. *The Philosophy of Science: An Introduction.* London: Hutchinson, 1953.

Universidad de Columbia, *A Survey of the Public Educational System of Porto Rico.* Studies of the International Institute of Teachers College, Columbia University, 1926, 1949.

Weick, K. E. "Educational Organization in Loosely Coupled Systems". Administrative. *Science Quarterly* 21 (1976), 1-19.

Weiss, Carol H. "The Many Meanings of Research Utilization". *Public Administration Review* (September-October, 1979): 426-431.

Anejos

CONSEJO GENERAL DE EDUCACIÓN
CENTRO DE INVESTIGACIONES
E INNOVACIONES EDUCATIVAS

PARTICIPANTES

Mesa redonda en torno a una agenda para la investigación educativa
6 de marzo de 1992

GRUPO I

Líder: Dr. Eduardo Rivera Medina
Universidad de Puerto Rico

Relatora: Dra. Rosa Santiago-Marazzi
The Regional Laboratory

1. Dr. Andrés Collazo
   Universidad de Puerto Rico

2. Dr. Fernando Picó
   Universidad de Puerto Rico

3. Dra. Generosa Vázquez
   Caribbean University

4. Prof. Josefina Tejada
   Universidad Interamericana

5. Prof. Juanita Quiñones
   Caribbean University

6. Hna. Lydia Pérez
   Pontificia Universidad Católica de P.R.

7. Sr. José Alicea
   Departamento de Educación

8. Prof. Juana Méndez
   Universidad de Puerto Rico

9. Sra. Eva Fernández
   Departamento de Educación

10. Prof. Raúl Muñoz
    Universidad de Puerto Rico

11. Sr. Francisco Morales
    Casa Claver

12. Hna. Iris Rivera
    Universidad Católica de P.R.

13. Dra. María Virginia Hernández
    Fundación Educativa Ana G. Méndez

GRUPO II

Líder: Sr. Juan Rivera Berdecía
Departamento de Educación

Relatora: Dra. Grisel Muñoz
Consejo General de Educación

1. Dr. José Jaime Rivera
   Universidad de América

2. Dr. Ángel G. Quintero Alfaro
   Universidad de Puerto Rico

3. Dra. Ethel Ríos Orlandi
   Universidad de Puerto Rico

4. Prof. Sylvia M. Álvarez
   Universidad del Sagrado Corazón

5. Dra. María E. Torres
   Universidad Central de Bayamón

6. Prof. Ileana M. Quintero Rivera
   Universidad del Sagrado Corazón

7. Dra. Aura Ramírez
   Universidad de Puerto Rico

8. Dra. Carmen Lebrón de Oliva
   Universidad Interamericana

9. Dra. Alicia Castillo
   Departamento de Educación

10. Sra. Nilda Berberena
    Departamento de Educación

11. Dr. Israel Ramos Perea
    Universidad de Puerto Rico

12. Dra. Carmen Meléndez
    Departamento de Educación

13. Lourdes López
    Universidad Interamericana

14. José Lema Moyá
    Universidad Interamericana

GRUPO III

Líder: Dr. César Rey Hernández
Universidad del Sagrado Corazón

Relatora: Dra. Diana Rivera Viera
Universidad de Puerto Rico

1. Prof. Fernando Cros
Consejo General de Educación

2. Dr. Efren Ramírez
Voluntarios en Acción
Pro Salud Mental

3. Dr. Nelson Colón
Fundación de Puerto Rico

4. Dr. Rafael Irizarry
Universidad de Puerto Rico

5. Prof. María del Carmen Baerga
Universidad del Sagrado Corazón

6. Prof. Mario Anglada
Universidad de América

7 .Sr. Emilio Pintado
Departamento de Educación

8. Sra. Mercedes Hernández
Departamento de Educación

9. Sra. Laura Rodríguez
Departamento de Educación

10. Dra. María Soledad Martínez
Universidad Interamericana

11. Dra. Luz Maritza Fernández
    Universidad de Puerto Rico

12. Hiram Nazario
    Universidad de Puerto Rico

Capítulo II

Hacia un modelo ecológico para la escuela

En estas últimas décadas han ocurrido importantes cambios sociales en nuestro país, y en lo que conocemos sobre cómo se aprende, que requieren que revisemos nuestra visión sobre lo que debe ser la escuela. La primera parte de este ensayo analiza estos cambios apuntando los elementos de éstos que señalan la necesidad de una nueva escuela. Por otro lado, las experiencias en proyectos educativos innovadores nos ofrecen elementos para proponer alternativas que atiendan la nueva realidad. La segunda parte presenta las alternativas que sugerimos partiendo de esas experiencias.

Cambios en nuestra sociedad

Originalmente nuestro sistema educativo sólo atendía a un quince por ciento (15%) de la población escolar. Los alumnos provenían mayormente de las zonas urbanas y eran, en su mayoría, hijos de las personas pertenecientes a los grupos sociales con mayores medios económicos y mejor preparación escolar.

Uno de los grandes logros de nuestra sociedad fue ofrecer acceso a todos los grupos sociales del país al sistema educativo . De manera que la educación se convirtió en uno de los instrumentos que hizo posible el desarrollo y capacitación de muchos puertorriqueños que con su talento y dedicación ayudaron a levantar a Puerto Rico de la pobreza extrema y la desesperanza. La escuela fue un espacio de igualdad, de libre acceso y de oportunidades para todos.

A medida que mejoraron los niveles de vida de nuestra población, un mayor número de niños fue llegando a la escuela, hasta llegar el sistema a atender un grupo cada vez más heterogéneo de estudiantes. El sistema ha crecido de forma tan acelerada que no ha podido responder con agilidad a las necesidades de las diversas clientelas que hoy asisten a la escuela, ni ajustarse a los cambios sociales, económicos y culturales que se han dado en nuestro país. La escuela se ha hecho ajena a la realidad del estudiante.

Esta situación ocurre desde hace décadas. En los años cincuenta y hasta mediados de los sesenta, cuando la expansión y el crecimiento del sistema escolar coincidía con el crecimiento de los empleos en las nuevas industrias de la manufactura y de los servicios, una de las motivaciones para que muchos jóvenes persistieran en la escuela, pese a su falta de pertinencia, era la promesa de un empleo que le aseguraban las credenciales escolares. Hoy el joven que termina su escuela superior tiene pocas garantías de conseguir un empleo. Ante esta situación, los estudiantes que sienten que la educación post-secundaria no es asequible pierden interés en la escuela.

Junto a esta situación de nuestra economía, y muy estrechamente ligada a la misma, se da la mentalidad de los cupones. Muchos de los estudiantes que están hoy en nuestras escuelas han vivido toda su vida recibiendo cupones de alimentos. En sus casas no han visto otra realidad que la vida girando alrededor de las ayudas del gobierno. La escuela y su productividad en la misma no afecta en nada su vida futura. Termine o no termine, salga bien o salga mal tiene asegurado su futuro. Para muchos estudiantes, la escuela, pues, ha perdido su sentido como camino hacia un empleo.

Además de la improbabilidad de obtener un empleo, ocurren cambios en la realidad laboral del país. Anteriormente los empleos que ofrecía la industria requerían un nivel similar de destrezas. Hoy se requiere una gran diversidad de destrezas. Así, por ejemplo, junto a unas industrias de alta tecnología que requieren recursos humanos del más alto nivel de destrezas coexisten sectores económicos de mediana y baja productividad que, en conjunto, no absorben los recursos humanos capaces para trabajar. Somos uno de los países con más alto índice de escolaridad y, a la par, con uno de los índices mayores de desempleo.

El ritmo del cambio social y económico en Puerto Rico ha sido tan acelerado que las rupturas, descontinuidades y bloqueos en nuestra sociedad son casi continuos. Es ilusorio pensar que una sociedad como la nuestra pudiera sufrir tantas modificaciones en tan poco tiempo sin que los esquemas tradicionales de organización social estallaran.

Muchos de los cambios sociales han promovido una mejoría en la calidad de vida. Sin embargo, otros han ocasionado graves problemas sociales. En las áreas geográficas y en los sectores sociales más afectados negativamente por los cambios, las instituciones tradicionales, incluyendo la escuela, han perdido su arraigo. El Estado, nunca presente con suficiente autoridad en los barrios y residenciales metropolitanos, ha perdido terreno en su lucha por establecer su orden y su normativa. La erosión en el prestigio y la influencia de la Iglesia Católica y el transitorio y limitado influjo de iglesias fundamentalistas se evidencian en el reducido apego a los valores y principios éticos cristianos identificados en la sociedad puertorriqueña tradicional. Los líderes políticos han perdido su carisma pedagógico, y los partidos políticos no juegan un papel tan importante en la formación del ideario de los jóvenes. La familia, excesivamente idealizada por la retórica cívica y religiosa, no puede hacerle caso a las exigencias de nuevas situaciones y valores.

En estas circunstancias hay excesivos reclamos sobre lo que la escuela puede hacer para inculcar valores y fomentar patrones de conducta cívica. La escuela ha quedado progresivamente distanciada de las organizaciones de la comunidad, y rara vez está incluida en su red de solidaridades. El prestigio social del maestro ha disminuido. La capacidad de la dirección escolar para encontrar respaldo a sus iniciativas en la comunidad está condicionada por la habilidad del principal para estimular interés y respaldo. La escolarización, que ha sido uno de los motores de cambio de la vieja sociedad agraria y patriarcal a la nueva urbana e industrial, ha llegado a sus límites reales. Hay un sector de la niñez y de la juventud que no es escolarizable y que constituye un impedimento para la efectiva escolarización de los demás. Los patrones de conducta antisocial y el rechazo sostenido de las rutinas escolares han venido a ser para ese sector las respuestas habituales a su frustración y su despecho por lo que la escuela no ha podido hacer por ellos.

Tenemos que buscar ayudar a estos niños y jóvenes a buscar alternativas que sean saludables para su crecimiento y constructivas para nuestra sociedad. La escuela podría ser un elemento en este proceso, pero tendría que revisar en forma profunda su estructura, contenido y organización. Al mirarse a sí misma la escuela debe estar al tanto de las nuevas corrientes en las teorías de desarrollo cognoscitivo, que formulan importantes conclusiones sobre cómo debe ser la enseñanza.

Cambios en las teorías de desarrollo cognoscitivo

Dentro de estos cambios cabe destacar recientes desarrollos en las teorías sobre el desarrollo cognoscitivo que tienen importantes impactos para la enseñanza.[1] Desde hace décadas se ha venido planteando la naturaleza constructiva del proceso de aprendizaje. La persona humana, más que un procesador de información, es un constructor de modelos y teorías que va desarrollando para explicar diferentes dominios del conocimiento.

El aprendizaje no es meramente aditivo, nuevo aprendizaje sumándose al anterior, sino más bien un proceso activo y dinámico en el cual las conexiones entre el conocimiento cambian y los modelos y teorías se reformulan. La información que recibe la persona, a la vez que ayuda al desarrollo de estos modelos, es recibida a través de la interpretación de estos modelos. De hecho, la nueva información lleva al aprendizaje con sentido cuando ésta se relaciona con lo que ya existe en la mente del aprendiz. Desde esta prespectiva, mientras más pueda el maestro asociar el nuevo conocimiento con la experiencia del estudiante, mejor éste entenderá e integrará este conocimiento. He aquí la importancia de que la enseñanza parta de la realidad del estudiante.

En muchas ocasiones los modelos y teorías de la persona interpretan erróneamente la información. Por esto, al enseñar no basta con traer información al estudiante, es importante promover el que la persona reflexione sobre sus teorías y vea cómo es necesario revisar éstas para explicar el mundo.

Estas corrientes en las teorías de desarrollo cognoscitivo tienen importantes implicaciones para la enseñanza. Ésta no puede limitarse a la conferencia del maestro. Es esencial que lleve al estudiante a reflexionar sobre sus concepciones. Para esto es importante el diálogo, la exploración, el confrontarse a puntos de vista diferentes. En fin, que el salón de clases tiene que transformarse de una sala de conferencia a un lugar donde se aprenda en forma activa, se explore, se discuta, se cree.

Nuevo modelo escolar

Necesitamos crear una nueva escuela que atienda la realidad social y económica, así como lo que conocemos sobre cómo se aprende. Esta escuela tiene que

[1]En el ensayo "Estrategias de la enseñanza que promueven el aprendizaje con sentido" se amplía sobre este tema.

estar enclavada en la realidad actual, y al mismo tiempo que provea de mecanismos para ir cambiando ante las futuras realidades.

La meta principal de la escuela debe ser facilitar la participación productiva y responsable del estudiante en el sistema socio-cultural más amplio. Para lograr esta meta la escuela no debe tener como objetivo la enseñanza de las asignaturas académicas. Éstas deben más bien ayudar al estudiante a entender la naturaleza, la sociedad y la persona, y promover en el estudiante el deseo de trabajar por mejorar la calidad de vida de la sociedad.

Considero que el Centro de Investigaciones e Innovaciones Educativas podría hacer una aportación a Puerto Rico y a la discusión internacional sobre la educación, promoviendo el desarrollo de alternativas al actual modelo, investigando el mismo y compartiendo lo que descubra en el proceso con el Departamento de Educación y las Universidades. De lograrse esto, estas entidades podrían considerar los cambios que deben impartir a sus programas para permitir el desarrollo de una nueva escuela que se encuentre a tono con nuestras necesidades actuales.

Actualmente el modelo que rige en la escuela es el intercambio de información y la acumulación y aplicación del conocimiento adquirido en el salón de clases. Este modelo se utiliza desde el primer grado hasta la universidad, y sigue un mismo patrón: una hora por asignatura, veinticinco (poco más o poco menos) estudiantes por maestro, el maestro es el componente activo (él explica) y el estudiante el componente pasivo (recibe esa información y la integra al campo de conocimiento de acuerdo a la asignatura de que se trate).

Este sistema ha sido criticado fuertemente tanto en Puerto Rico como en el extranjero (por ejemplo, John Dewey, Pablo Freire, Jean Piaget). Existen también experiencias, algunas muy significativas, por ejemplo, las que se dieron en el cambio de la Escuela Inglesa que cuestionan este modelo. De todas ellas, así como de nuestra propia experiencia en proyectos dirigidos a mejorar las escuelas, podemos aprender.

Aprendizaje que se dio a través de los proyectos del CIIE que apoyan un nuevo modelo escolar a nivel elemental

En el proceso de generar ideas y conocimiento que apoyen el desarrollo de un nuevo modelo escolar, el CIIE ha iniciado tres áreas principales de trabajo: programas de innovación y experimentación; análisis de la investigación; y grupos de intercambio y reflexión con personal del sistema educativo y de las universidades.

En este proceso de estudio, reflexión y acción hemos descubierto una serie de principios que entendemos deben guiar el desarrollo de un nuevo modelo escolar.

Para comenzar, la escuela no se puede ver como una isla en su comunidad. Ningún programa puede denominarse integral si no presenta un plan para trabajar en, y con, el medio físico y social en el que el niño se desarrolla. Esto requiere, entre otras cosas, que el currículo se articule con las necesidades e intereses de los estudiantes, y la realidad de la comunidad.

Segundo, tenemos que tomar conciencia de que el aspecto más importante del sistema educativo gira alrededor del intercambio de ideas entre el maestro y los estudiantes. Una de las lecciones que hemos aprendido en el CIIE al trabajar con las escuelas laboratorio, así como en el proceso de intercambio con maestros, directores y otro personal directivo del sistema es la gran variedad de situaciones en que se da este intercambio. Hemos descubierto que esta diversidad se debe a un sinnúmero de variables muy difíciles de prevenir de antemano. Debido a la multiplicidad de factores que se entrelazan en el proceso de enseñanza no se pueden controlar todas las variables. Es un proceso lleno de sorpresas y contingencias, *es un proceso abierto.* Dada esta realidad diversa y cambiante que hemos descrito, es imposible dar directrices específicas y homogéneas para todos. Es necesario llegar a un consenso sobre ciertos principios básicos pero proveyendo a su vez la flexibilidad al maestro y al director para atender la gran variedad de situaciones que se presentan. Los maestros, directores y personal en general del sistema deben tener una actitud de investigación, reflexión y aprendizaje que les permita atemperar la enseñanza a las diversas realidades de los estudiantes.

Nos hemos percatado también de que los procesos educativos están enlazados en una compleja red de relaciones que se afectan unas a otras. Así, por ejemplo, intentar cambiar la enseñanza de pasiva a activa requiere cambios en la noción de disciplina, en la organización escolar, así como en el tiempo de que dispone el maestro para compartir con otros compañeros y para el proceso de creación de materiales.

Hacer cambios profundos requiere que trabajemos en forma sistemática con cuatro componentes básicos de la escuela:

- La experiencia del estudiante.
- La labor del maestro.
- La administración y organización de la escuela.
- La relación escuela-comunidad.

Analicemos lo que hemos aprendido sobre estos componentes y cómo los principios básicos que hemos presentado se reflejan en cada uno de ellos.

La experiencia del estudiante

La forma como corrientemente se enseña en nuestras escuelas no está en sintonía con la forma como se aprende. Se enseñan datos inconexos en forma de conferencia. Se aprende con significado en situaciones reales, en ocasiones complejas, en un intercambio activo con nuestro medioambiente físico y social. El ensayo "Estrategias de enseñanza que promueven el aprendizaje con sentido" profundiza sobre este tema.

Si observamos a los niños en su ambiente natural veremos que buscan aprender continuamente y disfrutan este aprendizaje. Es necesario promover este ambiente en la escuela.

En la Escuela Elemental Antonio S. Pedreira se está trabajando en esta dirección. Se promueve el que la enseñanza tenga sentido e interese al estudiante. Da gusto ver estudiantes trabajando en un salón de clases donde están aprendiendo algo que les interesa y que tiene sentido para ellos El aprovechamiento se da y la disciplina no es un problema.

Ahora bien, el proceso de transformar la enseñanza de una que se centra en la transferencia de información, muchas veces sin sentido para el estudiante a una centrada en ayudar al estudiante a entender la naturaleza, la sociedad y la persona no es fácil, requiere un *cambio sistémico* en las siguientes áreas:

El currículo. En lugar de centrarse en las materias, debe centrarse en el estudiante. Nuestra experiencia nos demuestra que para lograr esta meta es necesario considerar lo siguiente:

- Durante los primeros años escolares, en los que el niño está en una búsqueda por entender su medio ambiente, debemos ofrecerle el conocimiento, las destrezas y actitudes que le ayuden a contestar sus preguntas. El estudio de los saberes en disciplinas como las ha dividido el ser humano debe darse como parte de su comprensión del mundo, pero no guiar ésta.
- El currículo debe partir de la realidad del estudiante. Debe ayudarlo a entenderse a sí mismo y al mundo que le rodea.
- El desarrollo de un currículo centrado en el estudiante implica un cambio en los procesos actuales de desarrollo de currículo. Es necesario un marco amplio que dé dirección al desarrollo del currículo.[2] Ahora

[2]Véase ejemplo de un posible marco en el anejo.

bien, el desarrollo del currículo en la escuela se efectúa de acuerdo a los intereses y necesidades de los estudiantes. Es necesario apoyar al maestro sugiriéndole actividades, identificando materiales y ofreciéndole tiempo para desarrollar las actividades y para compartir con sus compañeros estrategias, ideas y evaluación.
- Aunque el currículo debe partir de los intereses del estudiante debe también ofrecerle nuevas alternativas.

La forma de enseñanza. En lugar de estar basada en la transferencia de información debe transformarse en una enseñanza activa que tome como punto de partida los ritmos, necesidades e intereses del estudiante. Que junto a la información provea de marcos que le den sentido e interpreten esa información y ofrezca también experiencias que promuevan la reflexión, el sentido crítico e imaginación para cambiar estas interpretaciones cuando sea necesario. Este enseñanza activa debe también fomentar una actitud de aprender a aprender que permita al estudiante continuar aprendiendo de por vida.

La evaluación. Más que utilizarse para comparar, debe ofrecer insumo continuo para mejorar la forma como enseñamos y para identificar a los estudiantes que urgen ayuda especial, de manera que podamos atenderlos a tiempo.

Un factor que afecta significativamente la experiencia del estudiante es el patrón de relaciones interpersonales en el ambiente escolar. Cuando existe un ambiente de apoyo y respeto entre los miembros de la comunidad escolar se genera un clima de paz que se percibe tan pronto uno entra a la escuela.

La labor del maestro

La visión que hemos esbozado de la enseñanza requiere cambios en la labor del maestro. Es necesario una participación más activa de éstos tanto en la interacción en el salón de clase como en el desarrollo del currículo.

Es apremiante un tipo de enseñanza diferente. No es sencillo lograr que el maestro cambie su forma de enseñar de manera que concuerde con la forma como se aprende, esto requiere mucho apoyo y esfuerzo. La experiencia de aprendizaje del maestro, tanto en la escuela como en la universidad, refuerza la forma tradicional de enseñanza. Por tanto iniciar una nueva forma de enseñar exige gran aprendizaje de parte del maestro. Es necesario que en ese proceso de aprendizaje del maestro le demos oportunidad de explorar, de ver ejemplos del tipo de enseñanza que se requiere, de ir desarrollando las destrezas necesarias para impartir este tipo de enseñanza. En el ensayo "Aprendiendo a enseñar con sentido" ampliamos sobre este tema.

Para lograr una aportación efectiva del maestro, en este proceso es necesario ofrecerle unas condiciones de trabajo que lo apoyen. Es necesario proveer más tiempo al maestro para su preparación, elaboración de materiales, planificación de actividades y reflexión. Es también importante promover el intercambio de ideas y de reflexiones entre maestros, así como, entre éstos y profesores universitarios y otro personal involucrado en la educación. En otras palabras, es necesario tomar conciencia de que la labor de creación de currículo del maestro no debe ser una labor solitaria, sino en comunidad.

Nuestra experiencia en el CIIE nos ha mostrado lo importante de ofrecer a los maestros oportunidades de reunirse y compartir la reflexión sobre su labor. En este proceso de diálogo debemos llevar al maestro a entender las incongruencias que existen entre los principios que se proclaman para la enseñanza y la realidad en la sala de clases. Por ejemplo, hablamos de promover la solidaridad entre los estudiantes pero la mayor parte de la actividad escolar va dirigida a la competencia. Hablamos de promover el pensamiento crítico pero a la primera crítica que recibimos de un estudiante lo declaramos malcriado.

El entender cómo la forma en que corrientemente se enseña va en contra de los principios que pregonamos, es un mecanismo de promover el que se busquen nuevas alternativas. El desarrollo de nuevas alternativas en la educación tiene que ser coherente. De nada sirve proclamar idearios o predicar principios y doctrinas que luego se contradicen con la práctica. Así más que hablar de educar para la democracia, la libertad o la justicia, debemos hablar de educar en la democracia, en la libertad y en la justicia. En otras palabras, la práctica educativa en sí debe ejemplificar estos valores.

Ahora bien, para promover la búsqueda de alternativas es necesario entender que la labor educativa se da en un ambiente lleno de incertidumbre, sorpresas y contingencias, un sistema abierto. En estos ambientes es muy fácil equivocarse, por lo que los errores no deben verse como un fracaso del cual avergonzarse, sino una experiencia de la cual se puede aprender.

Las reformas que iniciemos hoy generarán un nuevo tipo de problema con el cual tendremos que lidiar en el mañana. Por tanto es importante generar una actitud de investigación continua en los maestros y demás personal del sistema que les permita enfrentarse a las nuevas situaciones en forma creativa y constructiva.

En fin, la comunidad escolar se debe establecer como una comunidad de aprendizaje continuo, donde partiendo de ese aprendizaje se va renovando para atender las nuevas situaciones que surjan.

La administración y organización de la escuela

La administración y organización de la escuela deben ser instrumentos que apoyen la labor escolar. Así al diseñar la estructura administrativa y organizativa tenemos que tener claro cuál es la visión que tenemos de esa labor.

En el proceso de intercambio con directores, maestros y otro personal del sistema hemos encontrado que las escuelas más exitosas tienen generalmente una visión que comparten los maestros, el director y el personal de apoyo, lo que da unidad de propósito al grupo.

Por ejemplo, si compartimos la visión de la enseñanza que hemos presentado en este artículo, la organización del salón de clases debe cambiar. Para comenzar, en lugar de pupitres debemos tener mesas, que facilitan el trabajo en grupos. La organización en el salón de clases no será homogénea, variará dependiendo de la materia, el nivel del estudiante y la naturaleza de la actividad. Así, por ejemplo, los estudiantes en la adolescencia temprana, que están en la escuela intermedia, son muy sensitivos, cambiantes y muy curiosos. En esta etapa debemos ofrecer la oportunidad para un ambiente que apoye al joven en su desarrollo, un ambiente que le permita intercambios significativos tanto con sus compañeros como con los adultos. Esto puede requerir que algunas de las clases en este nivel sean pequeñas (10-15 estudiantes) y así permitir crear una comunidad de aprendizaje donde el desarrollo intelectual y personal se apoye a través de unas relaciones estables, estrechas y de respeto mutuo con adultos y compañeros.

El horario escolar también debe variar, de uno de bloques homogéneos –una clase, una hora– a uno que ofrezca espacios para diferentes tipos de actividades. Se debe también pensar en horarios diferentes al de 8:00 a.m. a 3:00 p.m. Por ejemplo, unos maestros pueden tener un horario de 8:00 a.m. a 3:00 p.m., otros de 10:00 a.m. a 5:00 p.m., etc. El uso de los recursos también tiene que ser más flexible, en algunas situaciones, en lugar de tener una plaza completa conviene dos medias plazas; en algunos casos un maestro puede atender 40 estudiantes, en otros 15 estudiantes necesitan tres maestros.

La organización administrativa debe entonces desarrollarse de acuerdo a la necesidad. Deben ser organizaciones que aprendan. Que a base de cambios y nuevas realidades se vayan transformando continuamente. Esto requiere redefinir las funciones y relaciones de aquellos que trabajan en la tarea escolar, así como la organización administrativa.[3]

Al redefinir las funciones y relaciones es necesario crear un ambiente que logre que el maestro se motive a dar lo mejor de sí. Entre los elementos que promueven esta motivación están: proveer un ambiente de trabajo acogedor; facilitar los materiales de trabajo; limitar el papeleo administrativo de la función docente; colaborar con el maestro en la búsqueda de las estrategias y materiales educativos que mejor se ajusten a la realidad de su salón de clases; dar espacio para la creatividad; promover la acción democrática y participativa de forma que en el proceso de tomar las decisiones se incorpore su punto de vista; y permitir el intercambio entre compañeros de manera que ninguno se sienta aislado en su trabajo. Es fundamental asimismo que se reconozca la labor del maestro cuando es buena, y más aún cuando es excelente.

Al igual que el maestro, otros miembros del sistema, como directores, superintendentes, supervisores, etc. necesitan apoyo y sentirse parte de un equipo que evite el sentirse aislados en su trabajo.

La relación escuela-comunidad

Un elemento externo a la escuela, pero básico para su desarrollo, es la infraestructura social que apoya u obstaculiza su labor. Hay un elemento de esta infraestructura que es común para todas las escuelas. Este es el "currículo de la sociedad" que se expresa en la televisión y otros medios de comunicación, así como en las acciones de figuras públicas. Muchos de los mensajes que éstos transmiten son contrarios a los valores que se supone enseña la escuela.

La escuela no puede obviar la existencia de ese "currículo de la sociedad". Una de las contribuciones que puede hacer la escuela en este aspecto es enseñar a los estudiantes a ser racionales, fomentando en ellos el hacer

[3]En el ensayo "La Centralización del Departamento de Educación: ¿Enfermedad o síntoma?" analizo con más detalle este asunto.

preguntas, examinar la evidencia, buscar y analizar alternativas, ser críticos de sus propias creencias al igual que de las de otros. En este proceso se debe analizar críticamente ese "currículo de sociedad".

Otra forma de contribuir al análisis del "currículo de la sociedad" es que la escuela como organización social se organice como una comunidad que comience a crear ambientes escolares, tanto en el salón de clases como en las escuelas, que ejemplifiquen los valores que promueven. Así el estudiante vivirá a través del ejemplo lo que podría ser una comunidad justa y democrática que respete la dignidad humana. Esto facilitará al estudiante el asumir una actitud crítica y constructiva ante el "currículo de la sociedad". Este ambiente de respeto también ayuda a generar un ambiente de paz en la escuela.

Junto al "currículo de la sociedad", que es común para todas las escuelas, existe la realidad de la comunidad a la cual sirve la escuela. Esta realidad varía de una escuela a otra. En algunos casos las características de la comunidad son favorables a la escuela. En otros casos la realidad de vida de los estudiantes es una llena de tal nivel de problemas que les dificulta concentrarse en el aprendizaje.

Estos niños y jóvenes necesitan atenciones especiales que, actualmente, aunque quizás se atienden por diferentes grupos y oficinas, se hace en forma desarticulada. Es necesario repensar cuál es la función de la escuela en esta situación. La escuela podría convertirse en un centro de la comunidad para atender en forma coherente todas las necesidades del estudiante. Esto requiere cambiar la visión de la escuela de una guiada por un equipo de educadores, a una guiada por un equipo interdisciplinario de profesionales. Esto permitirá atender otras necesidades además de las pedagógicas. Requerirá, además, unos recursos diferentes para la escuela y una organización que también promueva este trabajo en equipo. Una de las áreas que el CIIE está trabajando en la investigación en la acción es cómo desarrollar este tipo de escuela. Lo que aprendamos en este proceso, sin duda debe tenerse en cuenta al desarrollar la organización administrativa del DE.

Diversidad de situaciones

Hemos analizado los componentes que consideramos deben ser tomados en cuenta al pensar en un nuevo modelo escolar. Si bien es cierto que hay unos principios que se repiten proyecto tras proyecto, ya sea en los que hemos trabajado directamente o en los que conocemos a través del intercambio con personal del sistema o a través de la revisión de la literatura, también es cierto que hay una gran diversidad de situaciones en que se da el proceso de enseñanza-aprendizaje que requieren que cada escuela desarrolle su propio modelo. Por esta razón es importante que el modelo escolar para Puerto Rico sea lo suficientemente flexible para permitir que cada escuela le dé el carácter que necesita para atender su situación particular.

De hecho, junto al modelo escolar es necesario crear otras alternativas para estudiantes con necesidades especiales. Por ejemplo, aunque las alternativas que proponemos ofrecen espacio para desarrollar los intereses del estudiante, podría haber niños que necesiten otro acercamiento. Todos conocemos niños que no se ajustan al ambiente del salón de clases. Estos interrumpen constantemente y no cumplen con sus obligaciones académicas. Son desertores en potencia. Estos niños precisan otro tipo de acercamiento por el bien de ellos mismos como de los demás estudiantes. Se pueden crear alternativas que giren a través de la participación en clubes y de otras actividades.

Las escuelas en coordinación con otras agencias e instituciones deben proveer alternativas para estos jóvenes, permitir una escuela con recursos especiales dentro de la escuela. Por ejemplo, se puede coordinar para que estos niños trabajen medio día y en las tardes se les provean actividades donde desarrollen destrezas académicas usando como base las experiencias de trabajo. Se les debe ofrecer opción de integrarse nuevamente al programa regular de estudios si así lo desean. Podrían desarrollarse a través de actividades de grupos tales como clubes en donde se les ofrezca la oportunidad de aprender las destrezas necesarias para un empleo, o para continuar los estudios académicos. En fin, es necesario explorar alternativas para mantener a estos niños en algún tipo de escuela ya que la deserción es muy costosa, tanto para el joven, como para la sociedad (Cao y Nazario, 1993).

Junto a estos niños que necesitan un tipo de escuela diferente existen un grupo de niños que requieren atención especial. Niños con problemas agudos cuyo comportamiento disociador desorganiza el salón. Es necesario ofrecer atención rápida a estos niños. En este sentido discutiremos más adelante la importancia de crear grupos interdisciplinarios que colaboren con la escuela.

El ambiente escolar

En la sección anterior mencionamos que la escuela se da en una gran variedad de situaciones. Ahora bien, tomando escuelas en situaciones similares observamos una gran variedad en la calidad de éstas. Al analizar los elementos que coinciden en las escuelas más efectivas siempre encontramos un ambiente escolar de motivación entre los maestros y estudiantes; un grupo de maestros que junto a su director desean convertir su escuela en una de excelencia. Ese ambiente escolar de motivación y altas expectativas se refleja también en los estudiantes. Este ambiente permea todos los componentes que hemos discutido. El crear este ambiente donde se respira un sentido de que se está trabajando por una causa de vital importancia es básico para mejorar las escuelas.

Modelo escolar para el nivel elemental

Hemos descrito lo que a través de un proceso de investigación en la acción el CIIE ha identificado como elementos que deben ser tomados en cuenta en el desarrollo de un nuevo modelo escolar.

Aunque no conocemos ninguna escuela donde concurran todos estos elementos, existen escuelas donde se dan algunos de ellos en forma muy positiva y se explora sobre cómo mejorar los otros. Estas escuelas pueden ser semillas para la construcción de la nueva escuela puertorriqueña. En el sexto ensayo de esta serie analizaré cómo estas escuelas pueden colaborar en el proceso de cambio.

Describiremos nuestra visión de la nueva escuela puertorriqueña limitándonos al nivel elemental, nivel donde se ha concentrado nuestra experiencia en el CIIE.

Experiencias del estudiante

Kindergarten a cuarto grado. En los primeros grados (Kinder a cuarto) el currículo girará alrededor de temas y no de asignaturas. A través de los temas se integrarán el desarrollo de las destrezas de comunicación, el análisis cuantitativo y otras herramientas que le permitan al niño su desarrollo cognoscitivo y afectivo, así como conceptos básicos de las ciencias naturales y sociales. Se prepararán unas guías que presenten los conceptos, destrezas y actitudes que nos interesa desarrollar en todos los estudiantes, así como ejemplos de las actividades preparadas para reforzar el aprendizaje. El desarrollo de los temas, así como el orden de presentarlos, lo decidirá el equipo de maestros con los estudiantes.

En otro nivel se desarrollarán materiales que sirvan a modo de ejemplos para apoyar al maestro en la elaboración de nuevas actividades. Estos materiales se distribuirían a las escuelas y se establecería en éstas un centro de intercambio de recursos —materiales y humanos— que serviría como biblioteca, centro de actividades, talleres y reuniones. Estos centros recogerían las inquietudes de los maestros y las llevarían a donde se desarrollen los materiales didácticos.

En lugar de textos se utilizarán libros del interés del estudiante. Libros de cuentos, poesías, libros sobre animales, temas de ciencia, temas de historia de su pueblo, de su país, del mundo.

Quinto y sexto. En estos grados se comenzará a dividir el currículo por disciplinas, pero se mantendrá el enfoque de integración de los temas que se discuten en las diferentes disciplinas, así como de la investigación de temas específicos dentro de cada disciplina. Existirán unas guías generales de los conceptos básicos que cada maestro debe tratar y discutir en cada disciplina, pero cada maestro o equipo de maestros decidirá cuál sería la mejor forma de presentar estos conceptos. En este proceso de decisión se incorporará el interés del estudiante así como las experiencias que trae al salón de clases.

Organización del salón

El salón tendrá mesas y sillas en lugar de pupitres. En los momentos de reunión los estudiantes traerán las sillas al lugar de la reunión. En vez de ordenarlas en fila sugerimos arreglos diversos: círculos, semicírculos o cualquier otra fórmula que satisfaga la realidad del salón de clases.

De no contar con mesas y sillas se pueden hacer otros arreglos, de manera que con varios pupitres se formen grupos, y al unirlos semejen una mesa.

El salón tendrá diferentes áreas de actividades, por ejemplo: lectura, matemática, artes, ciencias, historia, geografía, tecnología; sería un "salón abierto". Algunas áreas podrían ser fijas, como la de lectura, matemática y artes, mientras que otras podrían construirse de acuerdo al tema que se discuta, por ejemplo si están estudiando su comunidad, podrían tener un área de historia de ese municipio.

Estos centros de actividades deben incluir un área que familiarice a los estudiantes con la nueva tecnología.

En el futuro, al construirse los salones se debe tener esta estructura en mente de manera que sean espaciosos. Por el momento habría que inventar sobre la marcha cómo aprovechar el espacio para permitir este arreglo. Para lograr el efecto de amplitud y diversidad de recursos disponibles para el estudiante se podrían habilitar áreas fuera del salón. De hecho, las actividades en el salón se deben complementar con salidas del salón, a sitios de interés histórico, geológico, artístico, etc.

Veamos dos ejemplos de cómo sería uno o dos días en estas escuelas.

UN DÍA EN LA ESCUELITA X
(EN UN SALÓN QUE PODRÍA SER DE KINDER A CUARTO)

8:00 - 9:00 a.m. *Actividades libres y espontáneas de exploración de talentos e intereses en áreas abiertas.*

El salón tendrá una diversidad de recursos materiales: rompecabezas, bloques de construcción, materiales para pintar, libros, área del hogar, animales. El estudiante puede desarrollar una serie de actividades de acuerdo al uso que le dé al equipo que decida seleccionar. Este período se utilizaría para intentar una definición progresiva en el campo de interés de cada estudiante, aprovechando este período de "libre selección" de actividades para fortalecer la autodisciplina. Se les enseñaría las reglas de conducta —"las reglas de juego"— que imperarían en el salón de clases y se les explicaría la razón y la utilidad de su adopción. Por ejemplo, aprenderían que para poder disfrutar de los recursos materiales que existen hay que aprender a cuidarlos, recogerlos y guardarlos en forma organizada para que no se pierdan, etc. Se enseñarían también cuáles son los hábitos de trabajo, cómo usar la pega, las tijeras, etc. de manera que vayamos desarrollando un estudiante autónomo, pero responsable consigo mismo y con los demás miembros del grupo escolar. Esto al principio tomaría algún tiempo, pero una vez el estudiante incorpore los principios operativos y de convivencia, se simplificaría grandemente su interrelación con los demás miembros de la clase y se minimizarían las fricciones y los malos entendidos.

9:00 - 9:30 a.m. *(El tiempo de este periodo podría aumentar de grado en grado)*

Actividades de comunicación y desarrollo expresivo en grupo grande.

En este período se pasará lista, se pondrá al día el calendario, se discutirá cualquier noticia de interés y se iniciará o continuará la discusión del tema iniciado el día anterior.

La discusión de un tema puede tomar desde un día hasta semanas, dependiendo del interés demostrado por los estudiantes. Ejemplos de temas:

- *Conocimiento y cuidado del cuerpo*
  Bajo este tema se podría discutir las partes del cuerpo, la nutrición, el aseo personal, crecimiento y cambios biológicos.
- *Los indios*
  Bajo este tema se podrían discutir historia, cómo vivían los indios, la flora y fauna de Puerto Rico en esa época .

Los temas deben ser propuestos por los estudiantes o surgir de circunstancias especiales que ocurran en la comunidad o en el país.

9:30 - 9:45 a.m. *Merienda*

9:45 - 10:30 a.m. *Actividades dirigidas*

En este período se presentarán varias actividades relacionadas con el tema bajo discusión. Los estudiantes podrán elegir la actividad de su predilección, pero tendrán que trabajar en las restantes en determinado momento. Por ejemplo, al terminar de discutir sobre los indios se podrán presentar tres actividades: desarrollo de un mural sobre los indios, lectura de libros relacionados con el tema, escritura sobre los temas discutidos.

10:30 - 11:00 a.m. *Educación física o actividades recreativas*

11:00 - 11:30 a.m. *Almuerzo*

11:30 - 12:30 p.m. *Actividades pasivas o descanso*

12:30 - 1:30 p.m. *Desarrollo de destrezas que no se pueden integrar en la discusión del tema*

En este período se desarrollarán las destrezas y los conocimientos que no pudieran integrarse orgánicamente a la discusión del tema seleccionado. Por ejemplo: algunas destrezas en la matemática, el inglés, y una práctica adicional de lectura con estudiantes que necesiten ayuda especial.

1:30 - 2:30 p.m. *Talleres artísticos (drama, música, danza, canto, expresión corporal y artes plásticas)*

2:30 - 3:00 p.m. *Recoger, limpiar el salón*

Recapitulación del día y despedida

3:00 - 5:00 p.m. *Clubes y tutorías*

Se extenderá el horario escolar con la ayuda de los padres, estudiantes universitarios, otras agencias gubernamentales y dando un horario flexible a los maestros. En este período se organizarán clubes en los cuales los estudiantes desarrollarán actividades complementarias de acuerdo con sus intereses. El horario de la biblioteca, en lugar de 8:00 a.m.-3:00 p.m. sería de 10:00 a.m. a 5:00 p.m. convirtiéndose en un centro de recursos para el aprendizaje con ayuda de tutores, así como referencias y recursos para hacer proyectos especiales. Los mismos estudiantes podrían convertirse en recursos en las tutorías. Se podría organizar un club de tutores donde se les den ciertas herramientas didácticas para que puedan ayudar más efectivamente a sus compañeros.

Este período también podrá utilizarse para actividades especiales, por ejemplo, ofrecer obras de teatro, juegos intramurales, conferencias, clínicas donde se examinen los estudiantes, se pongan las vacunas, etc.

En las escuelas Antonio S. Pedreira (Río Piedras I), Sofía Rexach (San Juan II) y Abraham Lincoln (San Juan I) se está llevando a cabo un programa que tiene elementos de lo que se ha discutido anteriormente.

DOS DÍAS EN LA ESCUELITA "Y" (QUINTO O SEXTO GRADO)

Primer día:

8:00 a.m. - 11:00 a.m. *Actividad científica* (lunes)

Actividad en Ciencias Sociales (miércoles)

Actividad en las Artes (viernes)

En este período los estudiantes discuten diferentes temas del área bajo estudio integrándolos a actividades de exploración e investigación. Incluirán también desarrollo de vocabulario, lectura y escritura. Por ejemplo, la actividad de ciencias puede consistir de una excursión por los alrededores de la escuela para recoger distintos tipos de hojas. Estas hojas serán luego observadas cuidadosamente con una lupa para identificar sus partes, para ver la relación entre la estructura de la hoja y su función en la planta, y para determinar las características comunes y las diferencias entre las hojas recogidas.

Luego, el maestro puede generar una discusión sobre el tema de la adaptación de las plantas a su medio ambiente con el fin de que los estudiantes aporten observaciones que los ayuden a descubrir cómo varían las características estructurales de las plantas con el medio ambiente en que se desarrollan. Para complementar esta actividad se les puede presentar algún material audiovisual acerca de la flora del Bosque Experimental de Luquillo o del Bosque Seco de Guánica, de plantas carnívoras, de las plantas características del desierto, u otros temas de interés para los estudiantes.

Los estudiantes podrán luego escribir un ensayo sobre lo que más llamó su atención acerca del tema general de la adaptación de las plantas a su medio ambiente. En este ensayo deberán utilizar correctamente al menos tres palabras de un glosario de quince palabras nuevas relacionadas con el tema.

11:00 - 12:00 m. *Almuerzo*

12:00 - 1:00 p.m. *Español*

El desarrollo de las artes del lenguaje, oír, hablar, leer y escribir se integrarán a los temas que se estén discutiendo en otras clases. Por ejemplo, si en el seminario se está discutiendo el desarrollo durante la adolescencia o pre-adolescencia, en la clase de español se pueden estar discutiendo cuentos, novelas cortas, poemas y ensayos que presenten este tema.

Junto a las lecturas para toda la clase se proveerá espacio para que los estudiantes lean del tema que les interese, promoviendo así interés en la lectura. Junto a las lecturas y la discusión en clase se enfatizará las destrezas de redacción. Para esto se promoverá que se desarrollen periódicos y revistas hechas por los estudiantes, que incluyan diferentes secciones: noticias, cuentos, deportes, entrevista a personas admiradas o de interés, etc.; promoviendo así que se expresen los diversos intereses de los estudiantes.

1:00 - 2:00 p.m. *Inglés*

La clase de inglés enfocará en algún tema que se esté discutiendo en las otras clases para así mantener la integración curricular. Ahora bien, como queremos profundizar en lo que enseñamos, podría ocurrir que la discusión en inglés de un tema tome más tiempo que la discusión de ese tema en otras clases, dado que el vocabulario en inglés sería en su mayoría nuevo para los estudiantes. Un ejemplo de una clase de inglés sería comenzar hablando en español sobre lo que están haciendo en otras clases. El entusiasmo mostrado en la discusión indicará el tema que más interesa al estudiante. Luego de introducir vocabulario en inglés sobre el tema se podría pedir a los estudiantes que pensaran en un amigo o pariente angloparlante al que quisieran contarle en inglés lo que están haciendo en sus clases. Esta discusión llevaría a la exploración de cómo expresar sus ideas en inglés (ejemplo, construcción de oraciones). Se recopilarán las ideas en un diálogo. Este diálogo se podrá dramatizar y cambiar de acuerdo al interlocutor imaginado. Estos cambios proveerían la oportunidad para manipular distintas estructuras y elementos lingüísticos (por ejemplo preguntas, pronombres).

Al margen de esta actividad principal, los estudiantes aprenderán saludos, despedidas, otras fórmulas de cortesía, e imperativos contextualmente a través de las reglas del salón que regirán la interacción escolar en todas las clases.

Se enseñaría el inglés con un enfoque instrumental –el inglés como medio de ampliar su poder comunicativo. El lenguaje se usará para atender una necesidad real/creada, comunicarse con personas allegadas que no dominan el español.

2:00 - 3:00 p.m. *Matemática*

Al igual que en la ciencia, el desarrollo de la matemática debe integrarse a actividades de exploración e investigación. Por ejemplo, al introducir las fracciones no debemos movernos rápidamente a las operaciones con éstas, sino que debemos permitir que el estudiante construya un equipo de fracciones, con cartulina:

1 entero

1/2

1/4

1/3

Con este equipo el estudiante podrá explorar:

– comparando fracciones (cual es mayor, menor, etc.)

– equivalencias de fracciones (1/2 = 2/4 = 3/6, etc.)

A partir de esta exploración se deben hacer observaciones sobre patrones y propiedades de las fracciones.

3:00 - 5:00 p.m. *Clubes*

Segundo día:

8:00 - 11:00 a.m. *Seminario* (martes y jueves)

Los seminarios proveerán el espacio para discutir temas o problemas desde un punto de vista interdisciplinario. Promoverán también investigaciones y actividades fuera del salón de clases. El seminario también ofrecerá el espacio para discutir temas de orientación al estudiante: educación sexual, enfermedades contagiosas, exploración de los intereses vocacionales. En este último tema se podrá desarrollar un programa de visitas a diferentes lugares de trabajo combinándolo con conversaciones con personas de diferentes oficios y profesiones.

11:00 - 12:00 m. *Almuerzo*

12:00 - 2:00 p.m. *Servicio* (martes y jueves)

Este será un período en que los estudiantes se dedicarían a ofrecer algún tipo de servicio a la escuela o a la comunidad. En lo posible el servicio se combinará con los intereses de los estudiantes. Así los estudiantes interesados en el magisterio podrán ofrecer tutorías, los interesados en jardinería podrán ayudar a embellecer la escuela, los interesados en ebanistería podrán ayudar a dar mantenimiento a los equipos de la escuela o hacer nuevos muebles, los interesados en servicios podrán visitar y ayudar en centros de cuido de niños o ancianos.

Además de estos servicios que parten de los intereses de los estudiantes, existirán otros en los que todos los estudiantes tendrían que participar, como el de mantener limpia la escuela.

2:00 - 3:00 p.m. *Educación Física*

3:00 - 5:00 p.m. *Clubes*

Servicios de apoyo al estudiante

Hay servicios que complementan los propiamente educativos que resultan esenciales para poder desarrollar una ciudadanía saludable y cívicamente educada, tales como los servicios de salud, de terapia física y mental, la orientación académica, personal y vocacional y el trabajo social.

El programa de investigación del CIIE está apoyando dos propuestas que están estudiando cómo mejorar el ofrecimiento de estos servicios. Tan pronto tengamos los resultados de las mismas se publicarán como parte de las monografías del CIIE.

Personal docente

El maestro. La organización del trabajo de los maestros cambiará de acuerdo a las características específicas de cada escuela. En las posibles articulaciones de un programa debemos buscar alternativas, ya sea integrando padres que colaboren, ayudantes de maestros o estudiantes universitarios, de manera que el maestro tenga disponible más tiempo para el desarrollo de actividades y el intercambio de información, ideas y reflexión con otro personal escolar, así como con personal de la región o de las universidades. Este proceso de intercambio entre maestros debe fomentar el trabajo en equipo, así como el fortalecimiento de unas relaciones fluidas y continuas entre el personal docente y el personal de apoyo. Es muy importante que todo el personal del equipo atienda a un mismo estudiante. Es también importante crear una comunidad de aprendizaje entre todo el personal escolar. Una comunidad que esté constantemente reflexionando sobre su experiencia, aprendiendo de esta reflexión, cuyos miembros se apoyen mutuamente y promuevan los cambios necesarios que surjan de este aprendizaje.

A la par se deben establecer unos *Centros de Actividades y Desarrollo del Personal Docente.* Estos Centros desarrollarán actividades para enriquecer las guías, así como apoyar la labor de aprendizaje que está ocurriendo en las escuelas. Los materiales que produzca el Centro se distribuirán a la escuela, donde se establecerán de encuentro para los maestros, que provean materiales, ideas, consultorías, talleres, reuniones de intercambio entre el personal de las diferentes escuelas, así como entre las escuelas y el personal universitario.

Estos centros también sevirán de acopio de información sobre ideas que los maestros han elaborado, las considerará y diseminará aquellas que estime positivas. Se le dará crédito al maestro que la produjo. Algunas de estas actividades se pueden publicar en la revista del CIIE.

El Centro también identificará escuelas y maestros que interesen colaborar con las escuelas laboratorio formando una red de maestros y escuelas colaboradoras.

El director. El director es un elemento fundamental en el desarrollo de una visión para la escuela y de un ambiente que promueva relaciones interpersonales saludables. Hemos visitado escuelas elementales tales como Matías Lugo (Carolina), Luis Muñoz Rivera (San Lorenzo), Charles Miner (Caguas), Lorencita Ramírez de Arellano (Toa Baja), Ramón Mellado (Carolina) y la Escuela Intermedia Pretécnica (San Juan II) donde se observa una unidad de propósitos y un ambiente de relaciones interpersonales muy saludable. No dudamos que este ambiente se debe a directoras que respetan la creatividad e individualidad de su facultad, apoyan a la facultad en sus proyectos y con su liderato logran desarrollar una visión para la escuela. Es importante promover y retener este tipo de líderes. Para esto es necesario ofrecer incentivos adicionales a los directores, ya sea económicos como de apoyo a su labor administrativa.

El director de cada escuela trabajará junto a los maestros para desarrollar una organización escolar que provea tiempo para que éstos se reúnan y trabajen en el desarrollo de nuevas actividades educativas. Esta organización debe ayudar a crear un ambiente donde el equipo de maestros, junto al director y personal de apoyo, esté continuamente explorando y reflexionando sobre cómo mejorar la escuela. Para crear este ambiente es necesario asumir una actitud diferente ante los errores. En los ambientes abiertos, es fácil equivocarse. Los errores no deben verse como causa de vergüenza sino como experiencias de las cuales debemos aprender; deben entenderse como nuevas oportunidades para reorientar los procesos de aprendizaje.

El director también será responsable de coordinar las relaciones con los padres y la comunidad. Buscará formas y desarrollará estrategias para que las actividades escolares logren interesar a los padres en la escuela y en la labor que sus hijos desarrollan en ella.

Trabajará también en la coordinación de actividades con otras instituciones como las universidades, empresas privadas u otras agencias gubernamentales con posibilidades de colaborar en algún proyecto educativo desarrollado por la escuela.

Una de las metas principales de la escuela es el desarrollo integral del estudiante. Ningún programa puede denominarse integral si no presenta un plan para trabajar en y con el medio físico y social en el que el niño se desarrolla.

En la descripción del currículo que proponemos explicamos que éste debe integrar temas, problemas y oportunidades que presenta la comunidad. Los padres y recursos de la comunidad también deben ser utilizados por la escuela.

Ahora bien, al igual que la escuela debe utilizar los recursos de la comunidad, ésta debe ser recurso para la comunidad. Casi todas las comunidades cuentan con una escuela. Ésta debe ser un espacio para la reflexión, para el análisis y para fomentar las acciones en beneficio de la comunidad. Así la escuela se podría convertir en un medio para que los distintos agentes educativos tanto de la comunidad como externos a ella, trabajen para la transformación de las condiciones que afectan negativamente a los niños de estas comunidades. Obviamente estos problemas no van a desaparecer por la acción de la escuela, pero ésta puede ser un elemento propiciador del cambio y generador de nuevas relaciones y alternativas a partir de la incorporación de las comunidades a trabajar con sus problemas. El niño será el principal sujeto de este trabajo, buscando solucionar problemas y desarrollar una identidad que le permita convertirse en un ciudadano que aporte a su sociedad.

La Escuela Juan Ponce de León del Barrio Juan Domingo es un ejemplo del trabajo que la escuela puede realizar para convertirse en centro de acción para unir la comunidad con entidades gubernamentales y privadas para trabajar en la transformación de las condiciones que afectan negativamente a los niños de su comunidad.

Colaboración con la comunidad, la empresa, las universidades, y agencias del gobierno

Existen en la empresa privada, las universidades y las agencias del gobierno recursos valiosos que podrían ayudar al desarrollo de este nuevo modelo educativo. Las universidades deben ser un fuerte colaborador en el proceso de llevar a la práctica y evaluar este modelo. Los profesores deben utilizar la escuela como un laboratorio para sus cursos, como un centro de experiencia para sus estudiantes y como tema de investigación. Esperamos también que las universidades trabajen mano a mano con los *Centros de Actividades* a nivel regional y de distrito.

La empresa será otro importante colaborador en este proceso. El conocimiento que la gerencia tiene sobre las necesidades de los empleos ayudará en el desarrollo de actividades tanto curriculares como extra-curriculares. Preveemos que la colaboración con la empresa será mayor en los niveles intermedio y superior.

Es importante coordinar esfuerzos con otras agencias gubernamentales que inciden en el desarrollo del estudiante, de manera que se ofrezcan servicios articulados. Así se deben establecer lazos con los departamentos de Salud, Servicios Sociales, Justicia, Servicios Contra la Adicción, Recreación y Deportes y el Instituto de Cultura Puertorriqueña. En los niveles intermedio y superior se integrará también el Departamento del Trabajo (ADT).

Organización administrativa

El tipo de intercambio que proponemos requiere que revisemos nuestro modelo de organización administrativa. De hecho, la relación de la escuela con otros niveles del sistema debe transformarse junto al cambio de la escuela. En el quinto ensayo de esta serie profundizamos sobre este tema.

El ambiente escolar

En esta sección hemos descrito los componentes de este nuevo modelo escolar y dado ejemplos de escuelas donde acontecen éstos en forma ejemplar. Como decíamos anteriormente, en ninguna de las escuelas que hemos mencionado se dan todos los componentes en igual grado de excelencia. Ahora bien, un elemento que todas comparten es un ambiente de motivación donde se busca continuamente mejorar la escuela. Un ambiente donde se promueve el tratar nuevas alternativas, el arriesgarse a hacer cambios.

Considero que un elemento que generará un ambiente escolar óptimo es aquel donde la búsqueda del desarrollo saludable de cada uno de sus discípulos guíe al equipo escolar.

Conclusión

La tarea principal que la sociedad le asigna a la escuela es el desarrollo cognoscitivo del estudiante. Hoy conocemos mucho más que unas décadas atrás sobre cómo aprendemos. Para que la enseñanza sea efectiva tiene que tomar en cuenta la forma como aprendemos. Esto conlleva realizar unos cambios en la escuela que propicien este aprendizaje, los cuales hemos discutido en este artículo.

La investigación también nos demuestra que el desarrollo cognoscitivo no se da en el vacío. Por esta razón en la escuela se reflejan todos los problemas de nuestra sociedad. Si bien la escuela no puede resolver estos problemas, tiene que tomarlos en cuenta. Como discutimos en el artículo esto implica que en algunas situaciones la escuela tiene que asumir tareas adicionales. Para hacer esto eficientemente es necesario reorganizar el apoyo que recibe la escuela. En algunos casos esto implica convertir la escuela en un centro comunal de apoyo al estudiante.

El conseguir que esta visión se haga realidad no es tarea fácil. Estamos conscientes de que se enfrenta, entre otros, a un gran obstáculo: la incapacidad de muchos educadores para "desaprender" lo que por años se les ha repetido y aprender en la práctica sobre la educación que necesitamos. Por esto el proceso de ir haciendo realidad esta visión, el proceso de cambio, es de suma importancia. En el séptimo ensayo de esta serie analizamos este proceso de cambio.

Referencias

Barth, S. 1991. *Improving Schools from Within.* San Francisco: Jossey-Bass Publishers.

Cao, R. y Nazario, N. 1993. *Costos sociales de la deserción escolar en Puerto Rico.* Proyecto Nexos, Fundación Educativa Ana G. Méndez.

Elmore, R. F. y Associates. 1991. *Restructuring Schools.* San Francisco: Jossey-Bass Publishers.

Irizarry, R. 1987. "La población joven, el empleo y la educación: Perspectivas futuras". Trabajo presentado en Seminario del Departamento del Trabajo.

Quintero, A. G. 1972. *Educación y cambio social en Puerto Rico.* San Juan: Editorial de la Universidad de Puerto Rico.

Quintero, A. H. 1993. *Construyendo juntos la escuela que necesitamos: Estrategias para una reforma educativa.* Hato Rey: Consejo General de Educación.

Stevenson, H. W. y Stigler, J. W. 1992. *The Learning Gap.* New York: A Touchstone Book.

Capítulo III

Estrategias de enseñanza que promuevan el aprendizaje con sentido

En el ensayo anterior se propuso un nuevo modelo escolar y se esbozaron unas ideas sobre qué y cómo enseñar. En esta ocasión quiero ampliar la discusión que aparece en dicho ensayo sobre cómo enseñar. Específicamente, analizo las implicaciones que tienen para la enseñanza los nuevos conocimientos de las teorías de desarrollo cognoscitivo, pues hoy conocemos mucho más que hace algunas décadas sobre cómo se aprende. Sin embargo, este nuevo conocimiento no se ha traducido cabalmente en prácticas educativas. De hecho, la forma como se enseña hoy no es muy diferente a la de principios de siglo XX.

Teorías actuales sobre cómo se aprende

Hay tres principios que surgen de las teorías de desarrollo cognoscitivo que considero básicos para la enseñanza:

1. El ser humano más que buscar mera información, busca construir modelos que le ayuden a interpretar su mundo.
2 La construcción de estos modelos no sigue el proceso analítico-racional.

3. El desarrollo cognoscitivo no se da en forma igual en todas las personas.

Discutiré cada uno de estos principios y luego analizaré a partir de éstos cómo debe ser la enseñanza para promover el aprendizaje con sentido.

1. El ser humano, más que un procesador de información, es un constructor de modelos que le sirven para interpretar la realidad

En un reciente libro, Jerome Bruner (1990) plantea que el foco de la psicología cognoscitiva debe ser explicar la actividad simbólica que el ser humano utiliza para entender y darle sentido, no sólo a su mundo, sino a sí mismo. En este proceso, la interpretación de las experiencias del ser humano no se dan de evento a evento o cuando lee de oración a oración sino que se enmarcan en estructuras más amplias que proveen un contexto de interpretación a los componentes. El objetivo principal de la enseñanza debe ser desarrollar estas estructuras que proveen para la interpretación de las experiencias.

La persona, ente activo en la construcción de estas estructuras de interpretación, se nutrirá de diversos procesos para llevar a cabo sus funciones de cognición. Se van desarrollando estructuras complejas a partir de las estructuras que ya posee la persona y de los procesos de asimilación y acomodación[1]. El proceso de desarrollo de las estructuras se afecta, tanto por la maduración fisiológica, como por la interacción con el ambiente. Veamos algunos ejemplos. Para un niño recién nacido la estructura conceptual respecto a la comida es la de "chupar". Inicialmente sólo toma leche y luego tomará jugos. Esta experiencia es asimilada por el niño como que las cosas son para ser chupadas. Más adelante cuando por primera vez se le dan sopitas su primera reacción es la de chupar, ¡hay que ver qué cara pone! En esta nueva situación el niño está en desequilibrio. Luego acomoda su estructura de comer, que antes sólo consistía de chupar, y ahora incluye el chupar (líquidos), masticar y tragar (sopitas). La estructura de comer se hace más amplia.

Hay situaciones en que el niño interpreta, erróneamente, un dato o una experiencia. Por ejemplo, en un estudio (Nussbaum, 1979) sobre la noción de

---

[1] Asimilación es el proceso por el cual los estímulos externos se adaptan a la estructura mental de la persona, mientras que acomodación se refiere al proceso opuesto o complementario, por el cual las estructuras mentales se adaptan a las estructuras del estímulo.

la tierra que tienen los niños se encontró que un niño visualizaba la Tierra como un plano circular.

Esta interpretación probablemente surgió al tratar el niño de conciliar el dato de que "la Tierra es redonda" y su noción intuitiva sobre la misma como plana. La reinterpretación del primer dato resultó en un plano circular, según su noción.

Hay otros casos en que se puede observar que el niño no está maduro para aprender ciertas cosas. Por ejemplo, un niño de dos años puede "contar" hasta diez, repitiendo correctamente los números. Esto no necesariamente implica que tiene la noción de lo que representan estos números. Por lo regular en esa etapa del desarrollo mental el niño no tiene la capacidad para entender lo que significan estos números que él repite.

La estructura actual de nuestro conocimiento determina en gran medida la interpretación que damos a la información que recibimos del ambiente. La experiencia, a su vez, afecta el desarrollo de estas estructuras.

Karmiloff-Smith e Inhelder (1975) plantean que desde muy pequeño el niño desarrolla teorías para explicar el mundo. Originalmente estas teorías, las cuales las investigadoras llaman "teorías-en-acción", se componen de ideas implícitas o modos de representación de una situación. Cuando el niño se enfrenta a un problema lo hace a través de sus teorías-concepciones sobre cómo se comporta el área bajo estudio, que no necesariamente coinciden con las teorías que sostienen los campos del conocimiento. Este fenómeno ocurre también entre jóvenes y adultos (e.g. Arons, 1982; Champagne, Klopfer y Anderson, 1980; Clement, 1982; Trowbridge y McDermott, 1980, 1981).

Existe cierto número de concepciones "erróneas" que se repiten en los estudiantes. En relación con un fenómeno particular, el número de concepciones de los alumnos no es infinito, sino limitado a algunos grandes tipos que se pueden categorizar y describir con detalles. El conocimiento de las concepciones permite adaptar la enseñanza e incluso proponer estrategias para ir transformando aquellas. Es por tanto importante la discusión en clase con los estudiantes de manera tal que surjan estas concepciones e ideas y puedan ser aclaradas y transformadas.

Driver (1983) presenta una serie de ejemplos sobre cómo las concepciones de las personas afectan inclusive la forma de describir lo que se ha observado, de tal modo que transforman la realidad. Trae el caso de unos jóvenes de quince años que estaban estudiando las propiedades de la luz. Mientras trabajaban con una serie de espejos, lentes y un prisma, se les pedía que representaran por medio de un dibujo el efecto de cada instrumento en la luz.

Varios estudiantes hicieron un dibujo similar al siguiente para describir el efecto del prisma en la luz.

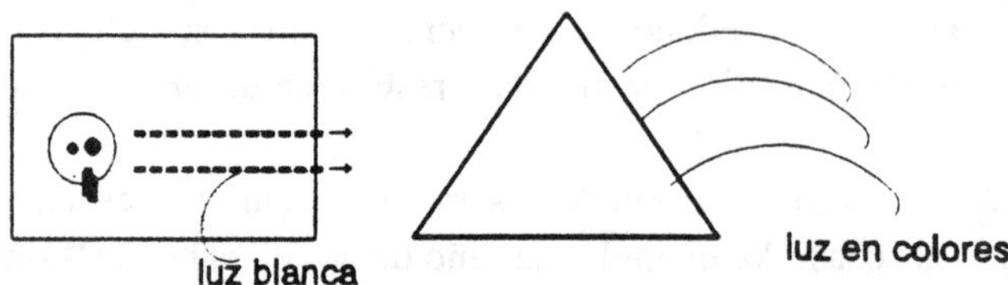

Ellos observaron que la luz, al pasar por el prisma, se descomponía en colores y tomaba una dirección diferente a la luz que incidía en el prisma. Sin embargo, muestraN también la luz saliendo del prisma en forma curva. Nos debemos preguntar si ésta última observación fue afectada por la idea que tienen los estudiantes sobre la luz en colores y el arcoiris.

Vemos así que las concepciones de la persona afectan la forma como ésta interpreta la realidad, inclusive sus observaciones.

¿Cómo cambiar entonces estas concepciones cuando no coinciden con las teorías que sostienen los campos del conocimiento? Se ha comprobado que aun observaciones que van en contra de las concepciones del estudiante, las cuales llamaremos contra-ejemplos, por sí solas no son suficientes para lograr que cambie sus ideas.

Esta última situación coincide con la descripción de Kuhn (1970) sobre el cambio en las teorías científicas. El científico, al igual que el estudiante, no cambia una teoría solamente por haber encontrado un contra-ejemplo o anomalía. La historia está llena de ejemplos de esta situación. La astronomía de Tolomeo, por ejemplo, era un escándalo antes de que apareciera la teoría de Copérnico. La teoría de Galileo sobre el movimiento está precedida por críticas a la teoría de Aristóteles basadas en dificultades que se habían encontrado en ella. Podríamos seguir dando ejemplos (véase Kuhn, 1970) de situaciones donde se tenía un cúmulo de observaciones que no se explicaban por la teoría presente, o que eran contrarias a ella, pero que no llevaron a un cambio en la teoría del momento. Ante esta situación se hacían acomodos o se designaban éstos como casos especiales para tratar estas situaciones.

Al igual que los científicos, las personas no abandonan sus concepciones tan fácilmente. Por ejemplo, Clement (1982) encontró que la concepción de estudiantes de ciencias e ingeniería sobre la relación entre fuerza y movimiento antes y después de tomar un curso universitario de mecánica no cambiaba mucho. Un número alarmantemente alto de estudiantes mantenían sus teorías aristotélicas luego de tomar el curso y de haberlo aprobado con una nota relativamente buena.

Esto muestra cómo muchos estudiantes no integran el conocimiento del salón de clases a las teorías o concepciones que han desarrollado a través de los años para explicar los fenómenos de la vida diaria. Champagne, *et al.* (1980) apunta que esto se debe a que las teorías que el estudiante ha desarrollado informalmente no están bien estructuradas por lo que existe poca relación entre los diferentes conceptos. Como consecuencia, la teoría es muy flexible y puede acomodar nueva información localmente sin producir conflictos con el sistema. En este sentido el estudiante puede "aprender" nuevos principios, pero al no relacionarlos con otros conceptos mantiene su teoría básicamente incorrecta. En otras palabras, si la enseñanza no tiene en cuenta las "ideas" existentes, éstas se constituirán en un obstáculo y las nociones enseñadas serán deformadas por el estudiante. En el mejor de los casos, lo enseñado se "pega" o permanece aislado del saber anterior.

Vemos entonces que para desarrollar conceptos y principios no basta con presentar experiencias que los ejemplifiquen, ya que para el estudiante estas mismas experiencias pueden interpretarse a base de sus concepciones erróneas. Tampoco es suficiente explicarlos sin relacionar las explicaciones con las teorías y concepciones de los estudiantes, ya que éstos pueden asimilar estas explicaciones localmente y al no relacionarlas con otros conceptos mantienen sus teorías previas. Es necesario partir de las concepciones y teorías del estudiante, analizar cómo éstas pueden o no explicar e interpretar la realidad y ofrecer alternativas que el estudiante analice, compare con su teoría y escoja la más apropiada. Para esto en la enseñanza es esencial el diálogo con los estudiantes.

2. La construcción de los modelos que sirven para interpretar la realidad no sigue el proceso analítico-racional

Corrientemente se piensa que la construcción que hace la persona de su teoría para entender la realidad se desarrolla en forma analítica-racional. Así, a base de los conceptos primitivos, aquellos que se aprehenden directamente de la realidad, definimos los conceptos más complejos y estableciendo relaciones entre éstos vamos construyendo nuestras teorías sobre el mundo. De hecho, éste es el método más utilizado en la enseñanza.

Lakoff (1987) presenta otra visión del desarrollo de nuestras interpretaciones. Para comenzar él plantea que los conceptos que son simples analíticamente no necesariamente son simples cognoscitivamente. Por ejemplo, en geometría los conceptos línea, plano y punto son simples, no se pueden definir. Sin embargo, al niño se le hace más sencillo entender el concepto de triángulo el cual podemos definir a base de estos conceptos: línea, plano y punto. Así, los conceptos con que debemos comenzar la enseñanza no necesariamente son los elementos bases para edificar el área bajo estudio.

La forma como se construyen los modelos tampoco sigue el método analítico-racional. Por ejemplo, se piensa que construimos nuestras teorías basándonos en los conceptos básicos y definiendo conceptos más complejos a partir de éstos. Así mismo se piensa que partimos de unos principios de los cuales vamos construyendo relaciones más complejas. Se ha comprobado que el desarrollo de nuestras teorías no necesariamente sigue este camino. Por ejemplo, un elemento muy importante en el desarrollo de la teoría biológica de los niños es el proyectar metafóricamente unos conocimientos de la conducta humana a todos los entes biológicos. Así el niño le otorga características humanas a los animales, etc. Poco a poco el niño va diferenciando entre las propiedades que no comparten los entes biológicos con los humanos y va desarrollando sus conocimientos biológicos.

3. El desarrollo cognoscitivo no se da en forma igual en todas las personas

Desde hace varias décadas se ha estado planteando que cada estudiante es diferente y que sigue rutas diversas en su desarrollo. Sin embargo, este principio que todos aceptan, no se toma en cuenta al desarrollar el currículo, el cual es homogéneo tanto en contenido como en la forma en que se ofrece.

Hace unos años, Gardner (1983) planteó que la inteligencia misma no es una característica que se distribuye por igual a todas las áreas del comportamiento humano sino que se manifiesta de forma diferente en diferentes áreas, entre éstas, la lógica verbal, la motora y las relaciones interpersonales. Así, una persona puede tener mayor habilidad verbal que motora, otra puede tener gran habilidad en relaciones interpersonales y tener dificultad con el área analítica.

Los tres principios que hemos discutido nos dejan ver que la forma como aprendemos no está en sintonía con la forma como enseñamos. En la próxima sección discutiremos cómo debe transformarse la enseñanza para promover el aprendizaje.

IMPLICACIONES PARA LA ENSEÑANZA

Del conocimiento que tenemos sobre cómo se aprende podemos deducir varios principios para la enseñanza:

1. La enseñanza debe girar alrededor de modelos que ayuden al estudiante a interpretar su mundo, por ejemplo la interrelación entre los seres vivientes que explica muchos de los principios de la ecología.
2. El aprendizaje es constructivo y activo, requiere de diálogo continuo con los estudiantes.
3. Los conceptos básicos son difíciles para aprender y existen muchas concepciones erróneas sobre éstos que no son fáciles de cambiar, por ejemplo el concepto de inercia.
4. Debemos proveer experiencias para diversos ritmos de aprendizaje e intereses.

1. La enseñanza debe girar alrededor de modelos que ayuden al estudiante a interpretar su mundo

Aunque es esencial que todos los estudiantes adquieran destrezas básicas, la práctica actual se basa en la premisa de que el estudiante debe aprender primero las destrezas básicas, antes de enfrentarse a material que exija destrezas más complejas. Como discutimos en la sección anterior la motivación de la persona en aprender es en desarrollar interpretaciones que le permitan entender su mundo y a sí mismo. El desarrollo de estas interpretaciones debe ser la base de la enseñanza, las destrezas deben ser enseñadas alrededor de este proceso, como técnicas que le ayudan a entender, expresar, organizar y comunicar el conocimiento. Ahora bien, ¿cómo enseñar para promover el desarrollo de estas interpretaciones? En el proceso de desarrollar estas interpretaciones debemos tomar en cuenta la naturaleza del aprendizaje.

2. El aprendizaje es constructivo y activo

El desarrollo de las interpretaciones que expliquen nuestro mundo, debe ser un proceso activo donde el estudiante explore, construya conjeturas, las discuta con sus compañeros, analice explicaciones alternas y desarrolle instrumentos que le permitan decidir en la selección de hipótesis que puedan explicar mejor los datos. El maestro a su vez, debe proveer un ambiente para que este intercambio se dé. Su actitud es la de un investigador, siempre tratando de entender las concepciones de los estudiantes y buscando cómo a partir de éstas debe ayudar a que el estudiante desarrolle las concepciones correctas, y a enriquecer y profundizar las ideas correctas. Al igual que el estudiante, el maestro debe estar en un proceso activo de búsqueda, exploración, desarrollo de conjeturas, discusión con sus compañeros. En su caso, el objeto de su exploración es el desarrollo de los estudiantes.

Desde los años cincuenta grupos de educadores, basándose en la teoría de Piaget, han promovido la participación activa de los estudiantes en el aprendizaje. Un ejemplo de esto es el sistema de escuela elemental inglés, que plantea la necesidad de que el estudiante participe activamente en el desarrollo del conocimiento. Ahora bien, los estudios que hemos mencionado nos muestran que no basta con que el estudiante se involucre activamente observando una serie de ejemplos o datos a través de cuyas generalizaciones derivarán conceptos y teorías correctas. Para comenzar, al estudiar los ejemplos, el estudiante hará su interpretación a base de las teorías y concepciones que tenga sobre esa área.

Para conocer las concepciones de los estudiantes sobre un tema la técnica de los "mapas conceptuales" es muy efectiva. En esta técnica se presenta un concepto básico sobre lo que se está discutiendo, por ejemplo: ser vivo. Pedimos a los estudiantes que nos digan qué conceptos ellos relacionan con éste, por ejemplo, come, se mueve, se reproduce, etc. Luego construimos un mapa conceptual que muestre la relación entre estos conceptos, observando cuáles corresponden a todo ser vivo y cuáles sólo corresponden a un grupo de éstos.

Otra técnica para conocer las concepciones de los estudiantes es el viejo diálogo Socrático. A través del diálogo conocemos las ideas que tienen los estudiantes sobre un tema dado. Nos enteramos también de todo lo que conoce el estudiante sobre ese tema. Ese conocimiento debe ser base para ampliar y profundizar sobre el mismo. *Es importante abrir más la discusión en clase a las ideas y experiencias de los estudiantes.*

3. Los conceptos básicos son difíciles de aprender y las personas desarrollan muchas concepciones erróneas sobre éstos que no son fáciles de cambiar

Muchos de los conceptos básicos que ayudan a explicar nuestro mundo van en contra de nuestra intuición, por ejemplo, el principio de inercia en el caso de los cuerpos en movimiento. Por esto le tomó tanto tiempo a la humanidad el descubrir estos principios.

Este principio plantea que un cuerpo en movimiento seguirá en movimiento a menos que una fuerza se interponga. Según este principio un cuerpo en el vacío que está en movimiento seguirá en movimiento sin necesidad de que lo empujemos.

En nuestra experiencia, para que un cuerpo se mantenga en movimiento necesita ser empujado ya que existe la fuerza de fricción. Corrientemente no estamos conscientes de la fuerza de fricción, lo que nos lleva a pensar desde muy pequeños en la necesidad de un empujón que dé la fuerza para el movimiento. A pesar de tomar cursos de física donde se explican las teorías actuales sobre el movimiento, muchos estudiantes siguen interpretando el movimiento desde una perspectiva aristotélica, ya que nunca realmente cambian su concepción. Esta situación se repite con muchos otros conceptos básicos.

Junto a la enseñanza de conceptos es importante que alentemos en la discusión el que surjan las teorías intuitivas, se discutan, se confronten con otras teorías y se entiendan sus errores para que cambien.

Para esto debemos buscar formas que no se limiten a la transferencia de conocimiento, ya que en ocasiones la dificultad del estudiante no es falta de conocimiento sino limitaciones para integrar dicho conocimiento a una teoría consistente que conforme el conocimiento actual.

Este último planteamiento apunta a una distinción que debemos tener clara al enseñar. Existen dos tipos de aprendizaje: el que consiste en añadir conocimiento (por ejemplo, saber que los insectos tienen seis patas o que los mamíferos se fertilizan internamente) y el que implica una reestructuración del conocimiento.

El tipo de aprendizaje que requiere reestructuración es el más difícil y se complica por la forma como enseñamos. Muchas veces nuevas formas de interpretar una situación se presentan como si estuviésemos enseñando nuevos datos dentro de una interpretación dada. Enseñar así ocasiona que el estudiante, si no puede armonizar los nuevos conocimientos con su teoría, desarrolle una teoría local para explicar la situación. Esta situación es similar a la que describe Karmiloff-Smith e Inhelder (1975) en su artículo.

La reestructuración puede darse en diferentes grados y en diferentes componentes. Por ejemplo, la reestructuración mayor se da cuando los conceptos bases de la teoría cambian fundamentalmente. Este tipo de cambio afecta todos los otros componentes de la teoría. Un ejemplo de este tipo de cambio fue el que se dio entre la teoría aristotélica del movimiento y la teoría de Galileo. En la teoría aristotélica dos propiedades importantes de los objetos eran su lugar natural y su estado natural. El comportamiento de los objetos se explicaba en muchas ocasiones en referencia a estas dos propiedades. En la teoría de Galileo estas dos propiedades no se ven como propiedades del objeto. Es entonces necesario explicar el comportamiento a base de otras relaciones.

Otro tipo de reestructuración que se da en la persona es el de desarrollar nuevas relaciones entre los conceptos. En ocasiones los patrones entre estas relaciones motivan la creación de conceptos o esquemas más abstractos. Por ejemplo, en el desarrollo de la teoría biológica del niño, éste comienza a ver relaciones entre los conceptos de perro, caballo, gato que lo llevan a su vez a desarrollar el concepto más abstracto de animal.

Encontré un ejemplo de esta separación de teorías para explicar situaciones relacionadas mientras llevaba a cabo un estudio con estudiantes de escuela elemental. Un estudiante estaba resolviendo el siguiente problema:

> **Un señor compró veinte chinas. Si las chinas están a cinco por dólar, ¿cuánto dinero gastó?**

Luego de que el estudiante leyó el problema tuvimos el siguiente diálogo:

Estudiante: "Yo no sé cómo hacer el problema. Sé que el resultado es $4.00, pero no sé cómo hacerlo".

Investigador: "¿Pero y cómo tú sabes que el resultado es $4.00?"

Estudiante: "Bueno, si dan cinco chinas por dólar, por $2.00 darán diez chinas, así que veinte chinas costarán $4.00.

Vemos con este ejemplo que el estudiante separa dos tipos de conocimientos que posee para resolver problemas. Por un lado, tiene su intuición y lo que ha aprendido en la vida diaria. Por otro, tiene las operaciones y reglas matemáticas las cuales no relaciona con su intuición.

Él piensa que el resolver un problema en matemática es traducir el mismo a una sola operación aritmética (suma, resta, multiplicación y división) como se le exige corrientemente en la escuela. Al no poder hacer esta traducción, siente que no ha resuelto el problema aunque utilizando operaciones intuitivas lo ha resuelto.

Esta situación, que se da en forma más dramática en las matemáticas, se da también en otras disciplinas. Existe una falta de relación entre lo aprendido en el salón de clases y las teorías y concepciones desarrolladas por el estudiante durante años de experiencia informal.

Al introducir un nuevo concepto o tema debemos, pues, asegurarnos que el estudiante posea el marco conceptual que estos conceptos amplían o enriquecen. Cuando éste no sea el caso, ya porque estemos introduciendo un nuevo marco conceptual o porque el estudiante posee teorías o concepciones equivocadas, debemos ayudar al estudiante a explicar sus teorías o concepciones intuitivas y confrontarlas con teorías y concepciones alternas.

Es necesario, como hemos planteado, conocer las teorías y concepciones de los estudiantes sobre el tema que se discute en clase. Para esto es necesario integrar a las discusiones de la clase actividades donde el estudiante haga explícita su teoría, la compare con la de otros compañeros, vea lo que ésta explica y lo que no explica, reflexione sobre estos asuntos y cambie o revise su teoría de acuerdo a la situación. *Esto toma tiempo.* Por esta razón en lugar de enfocar en dar tanta información debemos dar énfasis a que el estudiante entienda bien unos conceptos básicos que le permitan aprender e interpretar la información por sí mismo. Debemos revisar el currículo, identificar estos conceptos básicos y dedicar más tiempo a éstos aunque se elimine otro material.

De hecho, mi experiencia en la enseñanza de matemática me dice que el tiempo que se añade a la enseñanza de conceptos básicos a la larga se recupera. Por ejemplo, actualmente la enseñanza de las operaciones con fracciones se inicia alrededor de cuarto o quinto grado. Considero que en este momento se debe permitir mucho más tiempo que el que se da para entender bien estos conceptos. Por abarcar el material didácticas no se provee del tiempo necesario, por lo que la mayor parte de los estudiantes no entiende el concepto de operaciones con las fracciones. Luego es necesario ofrecer cursos remediales hasta el nivel universitario para enseñar lo que en aquel momento no se aprendió bien. De la misma manera, muchas veces los cursos remediales repiten este mal y siguen cubriendo material sin comprensión ninguna. *Como resultado por no "perder" tiempo en la escuela elemental, lo perdemos todo, pues, el estudiante nunca aprende.* En nuestra enseñanza debemos seguir la máxima "vísteme con calma que voy con prisa".

4. Debemos proveer de experiencias para diversos ritmos de aprendizajes e intereses

En la sección anterior discutimos que el aprendizaje de los conceptos básicos toma tiempo. El tiempo que toma el aprendizaje a varios estudiantes es diferente. Por esta razón debemos proveer en el salón de clases diversas experiencias para que el estudiante que entienda rápidamente pueda involucrarse en actividades de enriquecimiento, mientras el más lento toma su tiempo en entender el concepto. En la próxima sección daremos ejemplos de cómo lograr esto.

Resumen

La enseñanza que promueve el aprendizaje con sentido debe girar sobre la exploración del estudiante por entender su mundo. Para esto el estudiante tiene que observar, experimentar, generar hipótesis sobre el porqué de una situación dada, comparar estas hipótesis con las que presentan sus compañeros y las que presenta el conocimiento de esa área bajo estudio. En este proceso debe ver las fortalezas y debilidades de su teoría y cambiarla o enriquecerla según sea el caso. Para lograr este proceso el salón de clases debe transformarse de una sala de conferencia a un laboratorio donde el maestro y sus estudiantes exploran, discuten, amplían su conocimiento con fuentes del saber, construyen interpretaciones que ayudan al estudiante a entenderse a sí mismo y a su mundo.

Un ejemplo: la enseñanza de la clasificación de los seres vivos

La clasificación de los seres vivos es un tema cuya discusión se inicia en la escuela elemental. En muchos casos la enseñanza consiste en memorizar unas clases y especies de animales sin mucho sentido para el estudiante.

Al iniciar el tema de la clasificación de los seres vivos, el estudiante sabe cómo clasificar por lo que se considera que éste es un tema que el estudiante puede dominar con facilidad. Considero que éste no es el caso. La clasificación de los seres vivos es uno de esos conceptos que requieren mucho más profundidad en su enseñanza. A continuación presento una explicación sobre cómo podría enseñarse este tema, reflexionando a la vez el porqué de la estrategia sugerida.

El desarrollo de estos temas puede tomar todo un año. De hecho, alrededor de estos se ofrecería un curso de biología. Ahora bien, el propósito de éste no será ofrecer información inconexa sino colaborar en el desarrollo de un modelo para explicar la biología.

Estrategias	Justificación
1. Discutir lo que caracteriza a los seres vivos. Preguntar al grupo: ¿En qué se parecen los seres vivos? Para contestar la pregunta se promovería la exploración, observación y búsqueda de información.	No es como hasta los diez años que los niños han desarrollado una noción correcta de lo que es un ser vivo. Para pasar a clasificarlos es necesario ayudar a aclarar el concepto de ser vivo. La discusión de la pregunta en qué se parecen los seres vivos a la vez que ayuda a aclarar ese concepto establece los criterios para la clasificación.
2 De la discusión de la pregunta anterior deben surgir unas características que comparten los seres vivos: a. Compuestos de células b. Funcionamiento de los procesos vitales: · la obtención de energía y de nutrientes · reproducción · crecimiento · eliminación de desechos · reacción a los cambios externos	Clasificar puede ser muy sencillo o muy difícil, dependiendo de cuán bien conocemos los criterios que se utilizan para hacer la clasificación y cuán fácil es aplicar los mismos. La clasificación de los seres vivos se basa en las características que éstos comparten. Por esto, antes de clasificar es necesario conocer estas características.
3. Preguntar al grupo: ¿Cómo clasificaría los seres vivos? (¿Qué grupos pueden formarse de éstos?). Nuevamente esta pregunta requeriría exploración, observación e investigación.	
4. Discutir la clasificación que hacen los diferentes estudiantes y los criterios utilizados en cada clasificación.	A través de esta discusión podemos ver los criterios que están utilizando los estudiantes. Los estudiantes también verán que la clasificación depende de los criterios que se usen.
5. De la discusión anterior surgirá la pregunta: ¿Qué criterios utilizará la biología para clasificar los seres vivos?	El estudiante debe ver la relación entre los criterios de clasificación y las características que distinguen a los seres vivos. Debe también convencerse de que estos criterios son más apropiados para la explicación biológica que los que posiblemente el pensó, por ejemplo, la apariencia.

(Continúa en la próxima página)

Estrategias	Justificación
6. Pedir a los estudiantes que clasifiquen los seres vivos utilizando los criterios que utiliza la biología: 1. estrucutura celular 2. forma en que obtienen nutrientes y energía 3. anatomía 4. forma de reproducirse	
7. Discutir la clasificación de la ciencia	

Este modelo no se le presenta al estudiante. Él mismo va construyéndolo. Por esto se parte de sus creencias, se analizan éstas y se comparan con las concepciones de la biología. Se discute por qué las segundas son las más apropiadas para explicar el comportamiento biológico. Se permite al estudiante ir madurando estas ideas, por lo cual se regresa,con nuevas ideas sobre los conceptos básicos.

Referencias

Arons, A. B. 1982. "Phenomenology and Logical Reasoning in Introductory Physics Courses". *American Journal of Physics,* 50 (1), 13-20.

Bruner, J. 1990. *Acts of Meaning.* Cambridge: Harvard University Press.

Champagne, A. B., Klopfer, L. E. y Anderson, J. H. 1980. "Factors Influencing the Learning of Classical Mechanics". *American Journal of Physics,* 48 (12), 1074-1079.

Clement, J. 1982. "Student's preconceptions in Introductory Mechanics". *American Journal of Physics*, 50 (1), 66-71.

Cohen, D., McLaughlin, M. y Talbert, J. (Ed) 1993. *Teaching for Understanding.* San Francisco: Jossey-Bass.

Driver, R. 1983. *The Pupil as Scientist.* London: The Open University Press.

Duckworth, E. 1987. *The Having of Wonderful Ideas.* New York: Teachers College Press.

Gardner, H. 1983. *Frames of Mind: The Theory of Multiple Intelligence.* New York: Basic Books

Karmiloff-Smith e Inhelder, B. 1975. "If you want to get ahead, get a theory". *Cognition*, 3: 199-212.

Kuhn, T. 1970. *The Structure of Scientific Revolution.* Chicago: University of Chicago Press.

Lakoff, G. 1987. *Women, Fire and Dangerous Things: What Categories Reveal About the Mind.* The University of Chicago Press.

Nussbaum, J. 1979. "Children's Conception of the Earth as a Cosmic Body: A Cross Age Study". *Science Education,* 63 (1), 83-93.

Piaget, J. 1964. *Six Psychological Studies.* London: University of London Press.

Stevenson, H. W. y Stigler, J. W. 1992. *The Learning Gap.* New York: A Touchstone Book.

Trowbrige, D. E. y McDermott, L. D. 1980. "Investigation of Student's Understanding of the Concept of Velocity in one Dimension". *American Journal of Physics*, 48 (12).

_____. 1981. "Investigation of Student's Understanding of the Concept of Acceleration in one Dimension". *American Journal of Physics,* 49 (3).

Vygotsky, L. S. 1978. *Mind in Society.* Cambridge: Harvard University Press.

CAPÍTULO IV

Aprendiendo a enseñar con sentido: un proyecto de investigación en la acción[1]

El 28 de agosto de 1990 se aprobó la Ley Orgánica para el Departamento de Educación. Esta ley establece la base legal para guiar el sistema educativo público de Puerto Rico. Esta ley también creó el Centro de Investigaciones e Innovaciones Educativas (CIIE), adscrito al Consejo General de Educación, con la misión de desarrollar investigación que ayudara a resolver los principales problemas educativos del país y a desarrollar programas pilotos que promovieran la innovación para mejorar la calidad de la enseñanza en nuestras escuelas. En junio de 1991 fui nombrada directora de dicho Centro.

El interés principal del CIIE en la investigación era crear una base de conocimiento que ayudase a mejorar el proceso educativo en las escuelas de nuestro país. Con el propósito de desarrollar una agenda de investigación se realizó un análisis histórico de la investigación educativa en Puerto Rico y su

---

[1]Este artículo es el producto de la reflexión sobre un diálogo continuo con los maestros, directores y superintendentes de las escuelas elementales Abraham Lincoln (San Juan I), Sofía Rexach (San Juan II) y Antonio S. Pedreira (Río Piedras I). A todos mi agradecimiento. En especial agradezco a Josefina Mora, Irma Lebrón y Vidia Ramos, maestras de la Abraham Lincoln y a Elba Alvarado de la Sofía Rexach quienes colaboraron más estrechamente en la redacción final de este artículo.

impacto en la práctica (Quintero, 1992). De este análisis surge que la investigación no ha tenido un impacto significativo en la práctica educativa. Esta situación no se limita a Puerto Rico. Husén (1989) encontró cómo en muchos países la esperanza que se cifró durante los años sesenta en la contribución que podía hacer la investigación a la práctica educativa, llevó luego a la desilusión entre los investigadores y los desarrolladores de política educativa.

El análisis que realizó el CIIE apunta a varias razones por las cuales la investigación no ha tenido gran impacto en la práctica. Dos de éstas son relevantes para el presente artículo.

La mayor parte de la investigación pedagógica de las últimas décadas se ha dedicado a descubrir principios generales. El maestro, sin embargo, trabaja con individuos, niños particulares en contextos particulares. Para que los principios que la investigación descubre sean de ayuda al maestro estos se tienen que traducir en prácticas específicas que funcionen en el contexto del maestro. Este proceso de traducción no es automático ni sencillo. Requiere a su vez otro tipo de investigación que rara vez se encuentra entre los estudios pedagógicos, una investigación en la acción.

Otra limitación que ha tenido la investigación para ser útil a la práctica es que la misma se ha guiado por los supuestos de la investigación experimentalista que surge del estudio en las ciencias físicas. Algunos de los supuestos de la investigación experimental no aplican a la situación de la educación. Por ejemplo, uno de los supuestos de la investigación experimental es el mantener todas las variables constantes excepto la que se va a estudiar. El traducir esto a la educación requiere mantener la situación actual y estudiar la variable deseada. En la educación, como en muchas situaciones sociales, las variables se entrelazan formando una red de variables que tienen que cambiarse a la vez para entender la estructura que limita el cambio. Esto requiere que intentemos cambiar la situación actual; y en el proceso descubriremos la estructura que limita el cambio.

Del análisis de los factores que han limitado el que la investigación educativa tenga algún efecto en la práctica, el CIIE decidió que la investigación que promoviera debía desvincularse del paradigma de la investigación tradicional, sería pues una investigación que estudiara en la acción el proceso de intentar cambiar el proceso de enseñanza. Experiencias previas en el proyecto San Juan II (Seminario Colaborativo entre la Universidad de Puerto Rico y la escuela) nos enseñaron que el proceso de cambiar la enseñanza requería que trabajásemos con las múltiples variables que inciden en la enseñanza (Quintero, 1989). Hace falta una estrategia de cambio sistémico.

También aprendimos en este proyecto que el proceso de cambio en sí requiere de una estrategia de investigación en la acción. La política educativa no se puede implantar en forma lineal, como si conociéramos a plenitud la realidad. De hecho, a través de la implantación descubriremos realidades que nos harán revisar nuestras políticas y el proceso de implantación en sí. Por lo tanto debemos mantener una actitud constante de aprendizaje e investigación a medida que intentamos llevar a la práctica una nueva política.

Decidimos, pues, que el principal proyecto de investigación del CIIE sería el desarrollo de escuelas laboratorio donde pudiésemos explorar nuevas alternativas en los componentes básicos de la escuela: el currículo, la enseñanza, la evaluación, el desarrollo de los maestros y la relación con la comunidad. Al desarrollar las alternativas no atendíamos cada uno de los componentes en forma independiente sino que trabajábamos en forma integrada. Así, por ejemplo, el desarrollo de un nuevo currículo y nuevas estrategias de enseñanza era la base para el proceso de desarrollo de los maestros. Los maestros participaban en la reflexión sobre por qué y cómo debíamos cambiar el currículo y las estrategias de enseñanza. Tenían la oportunidad de explorar, cambiar y adaptar a su realidad las ideas que surgían de la discusión. El proceso de cambio no se basaba en un taller donde adiestrábamos a los maestros, sino en un proceso de investigación en la acción donde el maestro exploraba, descubría, reflexionaba sobre nuevas alternativas para su práctica.

A través de la búsqueda de nuevas alternativas desarrollamos, conjuntamente con los maestros, la investigación que nos permitió estudiar las variables que limitan un cambio en la enseñanza. La investigación, pues, tendrá ciclos interactivos donde identificaremos problemas, planearemos soluciones, las llevaremos a la práctica y las evaluaremos, lo que a su vez nos llevará a identificar nuevos problemas e iniciar nuevos ciclos de investigación, todo con el propósito de mejorar la realidad educativa (Argyris, Putnam y Smith, 1985).

Este proceso fue muy rico en aprendizajes. En este artículo quiero enfocar en nuestra experiencia y aprendizaje en el proceso de desarrollar los maestros de la enseñanza con sentido en las escuelas laboratorio.

Las escuelas laboratorio

En enero de 1992 se inició el desarrollo de las escuelas laboratorio a nivel elemental. Nuestro plan era extender el proyecto cada año a un nuevo nivel educativo; así en 1993 iniciaríamos a nivel intermedio y en 1994 a nivel de escuela superior. Dado que en Puerto Rico los índices mayores de fracaso y de deserción escolar se dan en las escuelas localizadas en áreas urbanas y pobres, decidimos iniciar el proyecto en dos escuelas localizadas en áreas pobres de la ciudad de San Juan: Cantera y La Perla.

El foco principal de las escuelas laboratorio era desarrollar una enseñanza que promoviera el aprendizaje con sentido. La investigación (por ejemplo, Duckworth, 1987; Cohen, McLaughlin y Talbert, 1993; y Gardner, 1991) apunta que al enseñar con sentido se deben tomar en cuenta los siguientes principios:

- Los estudiantes aprenden en forma activa. Se deben ofrecer oportunidades en la enseñanza para que exploren, hagan conjeturas, discutan su propio aprendizaje.
- En los primeros años escolares los niños están tratando de entender su mundo, por lo que hacen muchas preguntas; la enseñanza debe trabajar con estas preguntas en forma integrada y no dedicarse a desarrollar las disciplinas académicas. El desarrollo de las varias disciplinas se debe, pues, integrar a los temas y preguntas que le interesan a los niños.
- Los estudiantes son diversos, con diferentes habilidades y talentos, por tanto debemos presentar diferentes vías de aprendizaje y diferentes estrategias de enseñanza.
- El aprendizaje debe tener fuertes lazos con las experiencias de los estudiantes fuera de la escuela, por tanto debemos establecer fuertes lazos entre la escuela y la comunidad.

De experiencias anteriores sabíamos que muchas de las dificultades de cambiar la enseñanza de acuerdo a estos principios provenían de la organización y procedimientos administrativos del sistema. Así que a la par que trabajábamos con los maestros explorando nuevas estrategias de enseñanza y cambios en el currículo, trabajábamos con los diferentes niveles del Departamento de Educación explicándoles el proyecto y recabando su colaboración al desarrollar prácticas administrativas que apoyaran el aprendizaje con sentido. Las dos superintendentes bajo cuya supervisión caían las escuelas laboratorio, Rosa Saritza Ayala y María Teresa Pastrana, estuvieron siempre muy dispuestas a colaborar e iniciaron un proceso de investigación sobre el tipo de organización administrativa que apoyaría esta nueva forma de enseñanza. Así mismo tanto la directora de la Región Educativa de San Juan, Luz Evelyn Castro, como nuestro contacto con el Departamento, Alicia Castillo, apoyaron en forma entusiasta el proyecto.

Trabajo con los maestros

Una vez presentamos el proyecto a los diferentes niveles del Departamento de Educación y obtuvimos su aprobación y apoyo presentamos las ideas a los maestros. La forma como esto se llevó a cabo fue diferente en cada escuela. En la Escuela Sofía Rexach hablamos desde el principio directamente con los maestros. Les explicamos que no teníamos un modelo definitivo para el proyecto ya que sabíamos que en el proceso de implantar los principios que proponíamos se tenía que tomar en cuenta el contexto de cada escuela. Por esta razón los maestros son actores principales en el desarrollo del modelo. Esta incertidumbre sobre el modelo que se iba a implantar y su papel en el proceso incomodó a los maestros. Tenían muchas dudas y preocupaciones sobre cómo estas nuevas estrategias afectarían su labor.

Planificamos entonces una visita a la Escuela Antonio S. Pedreira, donde la enseñanza y el currículo se habían transformado de acuerdo a los principios que proponíamos. Durante la visita se separó un espacio de tiempo para que los maestros de la escuela Sofía Rexach se reunieran a discutir sus preguntas y preocupaciones con los maestros de la Pedreira. La conversación no se limitó a discutir los productos del cambio sino que se analizó el proceso de cambio en sí. Esto fue muy importante para el personal de la Escuela Sofía. Ellos vieron que el proceso de cambio conlleva miedos, preocupaciones, errores y sobre todo una actitud de aprender constantemente de la experiencia. El ver los logros que se estaban obteniendo en la Escuela Pedreira y saber que al comenzar el proyecto la facultad de esa escuela había tenido los mismos temores que ellos tenían en ese momento cambió la actitud de los maestros hacia nuestra propuesta, sintieron más seguridad para explorar nuevas alternativas y aceptaron ser una escuela laboratorio.

Al reflexionar sobre el proyecto, un año más tarde, la Superintendente del distrito dijo: "poner la decisión de participar en manos de ellos fue acertado".

El proceso de integrar la facultad en la Escuela Abraham Lincoln fue algo diferente. La decisión de trabajar en la Escuela Lincoln surgió ante una petición de la Superintendente, Sra. María Teresa Pastrana. Ella se acercó al personal del CIIE a solicitar se considerara la Escuela Lincoln como escuela laboratorio. Esta decisión surgió más tarde en el semestre. De hecho, ya se acercaban las vacaciones de verano. La prisa por ofrecer unos talleres a los maestros antes que éstos se fueran de vacaciones llevó a que la consulta con la facultad de esta escuela no fuese tan real como la que se llevó a cabo en la Escuela Sofía. Fue casi una consulta pro forma, ya que la decisión estaba básicamente hecha. Los maestros resintieron esta decisión. En palabras de una de las maestras: "Al principio esto chocó y creó cierto rechazo al proyecto el cual sentíamos como impuesto."

A medida que el proyecto se fue desarrollando y los maestros vieron que las decisiones se tomaban conjuntamente con ellos esta actitud fue cambiando y fueron integrándose más positivamente al mismo. Sin embargo, esta actitud hizo que el desarrollo inicial del proyecto en la Escuela Lincoln fuese más difícil que en la Escuela Sofía Rexach.

En ambas escuelas se decidió que al igual que en la Escuela Pedreira se iniciaría el proyecto en Kindergarten y primer grado añadiendo un grado cada año. Aunque el énfasis del proyecto era en estos dos primeros grados se invitaba a toda la facultad a los talleres y reuniones.

En el verano previo a iniciarse el proyecto se ofrecieron talleres en ambas escuelas donde se expusieron los principios que guiaban la propuesta de cambio y se ejemplificaron algunas de las actividades que se sugerían. Muchas de las actividades que sugeríamos requerían de la compra de material y equipo. Por ejemplo, se proponía el desarrollo de centros de actividades donde los estudiantes podrían explorar y trabajar en diferentes actividades: lectura, pintura, construcción, matemáticas, etc. Estos centros de actividades se desarrollan en mesas que contienen los materiales por áreas y sillas donde los niños se sientan a trabajar. De hecho, nuestra propuesta sugiere que los salones, en lugar de pupitres, deben tener mesas. Éstas promueven el trabajo en equipo y la exploración, el material no cabe en el pupitre.

El CIIE compró algunos de estos materiales y equipos, y los distritos, en lo posible, cambiaron los pupitres por mesas. Aunque no en forma óptima, los maestros contaron con equipo y material que corrientemente no se tiene en las escuelas.

Además del taller de verano se llevaron a cabo varias reuniones con el director y la facultad de cada escuela para decidir la organización de estas nuevas actividades. Las decisiones sobre el horario y organización para promover las ideas del proyecto se basaron en el conocimiento de los maestros y el director sobre sus estudiantes, el clima escolar y la organización de la escuela. Como resultado de las sugerencias de los maestros el programa tomó un carácter diferente en cada escuela. Por ejemplo, en la escuela Sofía Rexach el programa se limitó al Kindergarten y el primer grado. En la escuela Lincoln, aunque estos dos grados fueron el foco principal del proyecto, el equipo de maestros de cuarto, quinto y sexto grado decidió explorar algunas de las ideas del proyecto en su nivel.

En estas reuniones los maestros también expresaban sus preocupaciones e identificaban las áreas donde sentían que necesitaban mayor apoyo. En ambas escuelas se identificó como el área de necesidad mayor la de conocer más sobre el currículo integrado. Se expresó también interés en discutir cómo trabajar con la matemática y el inglés en un currículo integrado. En la escuela Lincoln también se identificó como un área de gran preocupación y necesidad de apoyo el problema de conducta de algunos niños, sobre todo en un grupo de primer grado.

El CIIE reclutó un grupo de personas expertas en estas áreas para que sirvieran de consultores a las escuelas. Cada consultor se reunía una vez en la semana con los maestros de cada escuela para apoyarlos en el desarrollo de estrategias y materiales para el aprendizaje. El equipo de consultores a su vez se reunía cada mes para coordinar su trabajo e intercambiar experiencias e ideas.

Luego de varias semanas de iniciarse las clases se observó que la mayor parte de los maestros apenas utilizaban los nuevos materiales y sus estrategias de enseñanza apenas habían cambiado. Cuando se les preguntó sobre esta situación argumentaron que las estrategias que proponíamos funcionaban en la escuela Pedreira ya que allí los niños eran escogidos por sus talentos, pero que ellos tenían estudiantes que presentaban muchas dificultades en el aprendizaje. En la escuela Lincoln esto se combinaba con un problema de conducta agudo en uno de los grupos. Se dedicaron varias reuniones a discutir esta situación y buscar alternativas para estos estudiantes. Finalmente los maestros nos pidieron que trabajáramos ejemplos de lo que proponíamos directamente con los niños.

De hecho, una de las limitaciones que identificaron los maestros del taller de verano fue la falta de ejemplos concretos. Reflexionando sobre el primer año de labor una maestra comentó:

> El taller del verano de 1992 fue muy corto. Nos dio unas ideas sobre el programa pero no lo suficiente para iniciar explorando, sentíamos que necesitábamos más información. Faltaron también ejemplos, necesitábamos un taller como un laboratorio, donde pudiéramos ver las ideas en acción.

Los consultores trabajamos varias actividades con los niños mientras los maestros observaban. Luego de estos ejemplos "en vivo" la mayor parte de los maestros comenzó a explorar nuevas actividades y estrategias de enseñanza. En nuestras reuniones semanales ellos comenzaron a intercambiar sobre su experiencia y a discutir preguntas e ideas. Al pasar el tiempo, nos percatamos de que la importancia principal de las reuniones semanales no era tanto la orientación que recibían los maestros de los consultores, sino que las reuniones les ofrecían un apoyo para atreverse a explorar nuevas alternativas y un espacio para intercambiar sobre las preguntas y descubrimientos que surgían en ese proceso. Este hallazgo nos ha hecho reflexionar sobre la necesidad del apoyo para la enseñanza.

Corrientemente se piensa que el apoyo que requieren los maestros es al inicio de un proyecto. Algo que los "empuje" a comenzar. Por un lado se les motiva ante una nueva estrategia y se les "entrena" en la misma. Nuestra experiencia nos muestra que el apoyo principal que necesitan los maestros es el desarrollar un ambiente que promueva la exploración y ofrezca la oportunidad de intercambiar ideas y reflexionar. De hecho una de las maestras comentaba: "No se nos ha dado la oportunidad de crecer por nosotros mismos".

Si ésta es la situación, entonces los talleres no pueden limitarse al período de iniciar un proyecto. Es necesario cambiar la visión del taller por un seminario *continuo* que apoye la exploración, reflexión y crecimiento continuo del maestro.

De hecho, los maestros valoran mucho las reuniones semanales. En sus propias palabras:

> Me gusta este proyecto porque nos llevan de la mano. En otras ocasiones que el Departamento de Educación traía nuevas ideas y materiales, ellos nos los explicaban y después nos decían, ahora es su responsabilidad implementarlo. En este proyecto vamos paso a paso. Podemos preguntar, volver a tratar, traer nuestras dudas. *No nos sentíamos solos en el proceso.*
>
> Las reuniones semanales nos ayudan mucho. Nos ofrecen la oportunidad de explorar, ver qué trabaja y qué no trabaja, discutirlo, inventar nuevas alternativas.
>
> Nos ofrece una continua retroalimentación.
>
> Una vez tuvimos el taller del verano de 1992 yo me sentía lista para comenzar. Pero cuando comencé a trabajar en el salón de clase descubrí que necesitaba más orientación. Las reuniones semanales nos permiten obtener esta orientación.

Además de las reuniones semanales, los maestros, así como otro personal administrativo, valoraron mucho la oportunidad que ofreció el proyecto de unir esfuerzos con las universidades y otras instituciones educativas. En palabras de la superintendente:

> Estábamos completamente alejados, las universidades nos preparan, nos lanzan al trabajo, pero luego estamos ustedes allá y nosotros acá. Ustedes son los que piensan y conocen, y nosotros acá en el campo, en el *dirty work* y allá Dios que reparta suerte. Eso ha cambiado en el proyecto y es positivo.

Durante las reuniones semanales la orientación que los maestros pedían era mayormente dirigida a estrategias de enseñanza y a aclarar contenido. Como estudiantes, los maestros aprendieron en forma pasiva y fragmentada, basada mayormente en la memorización de datos. Para poder enseñar con sentido ellos necesitan entender con sentido. Además de coordinar el proyecto, servía como consultora en el área de matemática. Al trabajar con los maestros me percaté de que su conocimiento en matemática era muy débil. Tenían la idea común de que las matemáticas son una serie de algoritmos sobre cómo llevar a cabo las operaciones. Así que, para poder dar sentido a las matemáticas, ellos tenían que aprender el sentido de éstas.

La forma como fuimos ayudando a los maestros a entender mejor algunos conceptos básicos en las diferentes disciplinas, así como a motivarlos a leer y escribir sobre su experiencia, fue a través de la discusión sobre formas de mejorar la enseñanza. Al proponer cambios y presentar nuevas actividades, las trabajábamos con los maestros. En ese proceso explicábamos los conceptos e ideas que estaban tras la actividad y explorábamos cómo integrar la misma a las demás actividades del salón de clases. Traíamos a la discusión artículos y libros que presentaban ideas interesantes sobre lo que estábamos discutiendo.

Los maestros también pedían apoyo en la búsqueda de estrategias para presentar las actividades y mejorar su enseñanza. Por ejemplo, los maestros temían utilizar las pinturas témperas en el salón pensando que los estudiantes formaran un embarre. Una de las consultoras, para mostrar estrategias e ideas a las maestras, trabajó un día con los niños en una actividad de pintar. Más tarde la maestra de los niños que participaron en la actividad comentó en nuestras reuniones:

> La actividad de pintar que realizó Marisol fue un descubrimiento para mí así como para los niños. Yo descubrí que cuando ellos trabajan en una actividad que les gusta su comportamiento mejora. No sólo no hubo embarre sino que se portaron mejor que en el salón de clases. Los niños descubrieron que pueden crear bellas pinturas. Estaban muy orgullosos cuando yo exhibí sus pinturas en el salón y en el pasillo de la escuela.

Además de comenzar a integrar nuevas actividades a su enseñanza, los maestros iniciaron un proceso de desarrollar su propio currículo basado en los intereses y necesidades de los estudiantes. También cambiaron el horario de uno basado en una hora por materia a bloques de tiempo dedicados a un tema.

La nueva organización del horario, así como la libertad de escoger los temas basados en los intereses y necesidades de los estudiantes les dio a los maestros un sentido de estar trabajando sin presión y en actividades que realmente desarrollaban el aprendizaje de los estudiantes. En sus propias palabras:

> La estructura del programa ayuda tanto a los estudiantes como a los maestros. Uno se siente más relajado. No está presionado por el tiempo, en el sentido que cada hora tenemos que cambiar de asignatura. Tampoco estamos presionados por la necesidad de cubrir un contenido predeterminado. Las actividades son el producto de la vida diaria de los niños, por lo cual sabemos que les interesarán. Los niños también trabajan sin presión, ya que las actividades están de acuerdo a su habilidad. Así vemos niños de diversas habilidades académicas todos involucrados en el aprendizaje. No estamos presionando a los niños a trabajar en lo que no están listos para realizar. Sin embargo, observamos que están aprendiendo más. También vemos que están contentos trabajando un tema que les interesa.
>
> Uno tiene la oportunidad de hacer cambios. Si algo no funciona, inventamos una nueva forma de presentar el material y lo probamos.
>
> Para nosotros este proyecto ha sido una bendición, ya que hemos encontrado que no tenemos que limitarnos al texto. Los niños aprenden mejor si escogemos de diferentes fuentes. Así tenemos más alternativas para los materiales, podemos utilizar los textos, de cualquier grado, los libros de la biblioteca, hasta artículos de periódicos y revistas.

Ahora bien, lo que produjo mayor satisfacción a los maestros y los convenció de estas nuevas estrategias, fue que los estudiantes mejoraron en su aprendizaje. En sus propias palabras:

> Los estudiantes mejoran su aprendizaje en esta forma de enseñar ya que hacen conexiones que les ayudan a entender nuevos conceptos e ideas. Por ejemplo, cuando leen sobre tópicos relacionados con sus experiencias y actividades, les hace sentido. Antes uno veía cómo muchas palabras eran como sonidos vacíos para ellos.

> Lo que no han aprendido en un año completo lo aprenden cuando están discutiendo un tema que les interesa.
>
> Ayer vino a visitarnos la esposa del alcalde y todos quedamos sorprendidos de lo bien que se expresaron los niños.
>
> Antes limitábamos a los estudiantes a escribir en la pizarra. Ellos detestaban escribir en la pizarra. Ahora ellos escriben sus propias historias en los libros de cuento que prepararon, así como sus comentarios en sus diarios reflexivos. Ahora les encanta escribir. Escriben y escriben. Esto les ha ayudado en su expresión verbal, tanto escrita como oral. Inclusive han mejorado su ortografía. Lo que escriben ahora tiene más lógica, y han perdido la timidez de hablar frente al grupo.

Otro de los descubrimientos que han hecho los maestros es lo valioso de las excursiones. Vieron que éstas motivan el aprendizaje y dan sentido a lo que aprenden.

Los maestros también se percataron de que el cambio en los estudiantes no se limitaba al área académica. También mejoraron en su motivación y actitud:

> Se ha visto cómo se desarrolla el talento en los niños, les gusta la pintura.
>
> Los niños están contentos. Les gusta esta forma de aprender, sobre todo les encantan las excursiones.
>
> En nuestra escuela (nivel elemental) todos los años había un grupo de niños que se cambiaba a otra escuela, hasta había deserción. Este año no ha habido deserción y los cambios han disminuido.

Las percepciones de los maestros se confirman con los comentarios de los estudiantes. Conversando con algunos de los niños del sexto grado de la escuela Lincoln éstos nos dijeron, entre otras cosas:

> Antes era aburrido, ahora es interesante.
>
> Es más fácil para el aprendizaje. Todas las clases giran alrededor de un tema, así uno puede hacer asociaciones. Es más fácil para los exámenes.
>
> También los maestros se han divertido.
>
> Nos encantan las excursiones. Vemos las cosas directamente. Además nos permiten compartir con los compañeros.
>
> Hay más actividades.

Aprendiendo a enseñar con sentido

Al analizar nuestra experiencia en el proyecto descubrimos que aprender a enseñar con sentido no es tarea fácil. Los maestros tienen que cambiar concepciones sobre cómo se aprende, cómo se enseña, sobre el currículo, la evaluación, la organización y manejo del salón de clases, la disciplina. Tienen que convertirse en aprendices después de tantos años de experiencia.

La investigación sobre el desarrollo cognoscitivo ha demostrado que las concepciones no se cambian fácilmente (Karmiloff-Smith e Inhelder, 1975; Clement, 1982; Champagne, Klopfer y Anderson, 1980). En el caso de los maestros la dificultad de cambiar concepciones sobre la enseñanza se entrelaza con la necesidad de mantener su autoestima al descubrir lo ineficiente de muchas de sus prácticas anteriores para promover el aprendizaje con sentido. Nuestra labor en las escuelas laboratorio nos enseña varias lecciones sobre cómo promover un cambio de concepción en los maestros hacia la enseñanza con sentido.

Antes que nada aprendimos que el proceso de cambiar las concepciones de los maestros hacia una enseñanza con sentido tenía que ser a su vez un proceso de aprendizaje con sentido. El maestro tiene que pasar por un proceso muy similar al que pasan los estudiantes cuando aprenden con sentido: los maestros deben ser entes activos en este proceso, deben tener la oportunidad de explorar, hacer conjeturas, comparar sus teorías e ideas con otros maestros, comprobarlas en el salón de clases, ser pues constructores activos de su conocimiento. Así los que apoyan a los maestros en este proceso deben tener un papel de guías, facilitadores y promotores de reflexión al plantearles preguntas, cuestionar sus conclusiones y guiarlos a examinar críticamente sus ideas y concepciones. Para esto se debe promover el intercambio con otros maestros y con profesores universitarios donde se discutan diferentes alternativas e ideas.

Dado que el aprender a enseñar con sentido requiere de ciclos de exploración, conjeturas, discusión, revisión de las conjeturas, y exploración, no se puede llevar a cabo en talleres o seminarios para "entrenar" maestros, requiere de un proceso. Este proceso a su vez debe ser sensitivo al contexto. No podemos desarrollar a priori un seminario para enseñar con sentido. Sí podemos establecer unos principios e ideas, pero el proceso de desarrollo del maestro tiene que estar atado a su práctica y por tanto variará de un contexto a otro. Más que un proceso prediseñado tiene que ser un proceso que va diseñándose en la acción a base del aprendizaje y reflexión que se van dando al enseñar en forma reflexiva.

Nuestra experiencia nos muestra la importancia de que este proceso se dé junto a una reflexión e intercambio entre maestros. Observamos cuánto aprenden los maestros unos de otros. De hecho, en nuestro proyecto la mejor forma de motivar a los maestros a participar fue a través de una conversación con los maestros de la escuela Pedreira. En nuestras reuniones semanales también observamos cuánto aprenden los maestros al intercambiar ideas y preocupaciones entre ellos.

Los ejemplos son también muy efectivos en promover un cambio de concepción. Muchas veces cuando una persona escucha nuevas ideas las interpreta a través de sus experiencias y concepciones y las adapta a las mismas. En este sentido los ejemplos son útiles en problematizar concepciones, así como en presentar nuevas alternativas. Por ejemplo, la superintendente de Morovis, Sra. Sylvia Ortiz, se enteró a través de una reunión en la Región Educativa sobre los proyectos innovadores que estaba promoviendo el CIIE. Ella quería implantar algunas de estas ideas en las escuelas de su distrito. Me invitó a discutir con los directores de escuelas elementales de su distrito estas innovaciones. Una de las directoras mostró gran interés en las innovaciones y me invitó a hablarle a su facultad. Luego de hablarle a la facultad los invité a visitar la escuela Pedreira. Luego de la visita los maestros comentaron a una de las personas que trabaja en el CIIE que cuando me oyeron hablar de las nuevas alternativas nunca se imaginaron lo que vieron luego cuando visitaron la escuela Pedreira. El ejemplo vivo de la escuela les hizo considerar nuevas ideas y alternativas.

Los ejemplos ayudan a motivar y a presentar alternativas, sin embargo, no son suficientes para traer un cambio. Al tratar de implantar estas nuevas alternativas surgirán muchas dificultades. Si el maestro no tiene un apoyo constante en este proceso de cambio irá perdiéndose entre los problemas. Por ejemplo, la enseñanza con sentido requiere exploración, discusión, actividades que generan ruido. La noción prevaleciente sobre la disciplina es que ésta es buena cuando "oímos un alfiler caer". La enseñanza con sentido implica otra noción de disciplina. Al comenzar los cambios, los maestros acostumbrados al silencio y al "orden" en el salón de clases se sienten incómodos con el ruido y la actividad. Una vez ellos exploran las nuevas estrategias de enseñanza descubren cuánto están aprendiendo los estudiantes y están dispuestos a defenderlas frente al director u otras autoridades escolares. En el ínterin necesitan apoyo para defender su posición de los que critican el "desorden" que hay en su salón.

Los maestros tienen también que sobreponerse a otras situaciones que los incomodan. Durante sus estudios universitarios los preparan para planificar las lecciones en su más mínimo detalle. Deben estar preparados para contestar cualquier pregunta que surja. En el caso de la enseñanza que promueve el aprendizaje con sentido la clase tiene que estar abierta a las preguntas e intereses del estudiante. Esto lleva a que la planificación de la clase tiene que ser flexible y dejar espacio para preguntas y temas que el maestro no espera. Así el maestro debe estar preparado para la incertidumbre y las sorpresas. Esta situación originalmente crea ansiedad en los maestros que están acostumbrados a tener control total del contenido que se va a presentar. Una vez el maestro comienza a abrirse a las preguntas ideas de los estudiantes, disfruta sus ocurrencias y aportaciones. Van descubriendo que las preguntas y comentarios de los estudiantes ayudan a enriquecer la clase.

Un cambio importante que observamos en los maestros del proyecto fue su apertura a oír las ideas y preguntas de los estudiantes, y a base de éstas ir transformando la clase. Por ejemplo, una de las maestras narra como uno de los momentos más importantes en su proceso de cambio el de una actividad que ella había planificado con un objetivo en mente y los estudiantes la cambiaron convirtiéndola en una con mucho más significado para ellos:

> Habíamos planificado una actividad para sembrar la jardinería. El propósito que veía en esta actividad era el de promover en los niños una visión ecológica. A los niños, sin embargo, les interesó otra cosa, ¿qué había en la tierra? Escarbaron la tierra y encontraron una lombriz y una oruga. Esto fue un acontecimiento para ellos. Comenzamos a estudiarlas. Yo misma tuve que buscar información. Vimos todo el proceso de cómo la oruga se convirtió en mariposa. A la lombriz por su lado ellos la llamaron Catalina. Alrededor de Catalina se crearon dibujos, cuentos, poesías. Aprendieron, se divirtieron y fueron bien creativos.

El mejorar la enseñanza debe ser un proceso continuo de búsqueda, exploración, tratar ideas, compartir ideas, aprendizaje, preguntas y preocupaciones. Requiere, pues, un apoyo constante para la exploración, el intercambio, la reflexión. En este sentido son muy importantes los grupos de apoyo e intercambio donde maestros, conjuntamente con otro personal del sistema y profesores universitarios reflexionan sobre cómo mejorar la enseñanza. El compartir con el personal universitario, como expresó una superintendente la cual citamos en este trabajo, es muy apreciado por el personal escolar, sobre todo si este compartir se da en un plano de búsqueda común y no como una cátedra.

Una vez el maestro comienza a ver resultados positivos en el aprendizaje de los niños, aumenta su confianza para tratar nuevas alternativas. Sin embargo, para que este proceso siga enriqueciéndose día a día es necesario mantener grupos de discusión donde se pueda reflexionar e intercambiar ideas. De hecho, el proceso de desarrollo del maestro, como el de cualquier otro profesional, es un proceso continuo que se nutre del intercambio de ideas, de la reflexión, de familiarizarse con innovaciones. Esta ha sido nuestra experiencia. El proceso de intercambio y reflexión ha promovido el que el maestro trate e invente nuevas alternativas y se involucre en actividades que lo lleven a continuar su crecimiento. Por ejemplo, varias maestras del proyecto continuaron trabajando en la investigación en el salón de clases. A través de este proceso siguen descubriendo y profundizando sobre el proceso de aprendizaje.

El sistema educativo, así como las universidades, deben promover un examen sobre las prácticas de enseñanza, así como de organización escolar de manera que éstas se puedan transformar en prácticas que promuevan un aprendizaje continuo.

Comentarios finales

En este artículo hemos analizado el proceso de un grupo de maestros al aprender a enseñar con sentido. Nuestra experiencia promoviendo este proceso nos muestra que además de cambiar nociones sobre enseñanza es necesario cambiar otras ideas sobre la organización y funcionamiento de las escuelas de manera que éstas promuevan el aprendizaje con sentido. Descubrimos también que un proceso muy similar al que se promueve con los maestros se debe promover con otros funcionarios si es que queremos que éstos cambien sus concepciones sobre organización y administración escolar. En el CIIE iniciamos un seminario con los superintendentes de la Región de San Juan explorando qué tipo de cambios se debían dar en las funciones y tareas de la oficina del distrito si se interesaba apoyar la enseñanza con sentido. El cambio en el gobierno luego de las elecciones del 1992 cambió el carácter del CIIE por lo cual este proceso de investigación con los superintendentes cesó por el momento. Aunque este intercambio con los superintendentes fue corto nos dejó ver claramente que un proceso de cambio tiene que estar acompañado de un proceso de aprendizaje continuo, a todos los niveles. Como proponen Cohen y Barnes (1993) el proceso de cambio de política educativa en sí debe verse como un proceso educativo. En el mismo debemos promover una actitud de aprender constantemente de la experiencia.

Las universidades, que son instituciones básicas en promover el aprendizaje, deben ellas mismas aprender que se necesitan cambios fundamentales en los programas de preparación de maestros y administradores escolares si es que interesamos un cambio en la enseñanza de las escuelas. Las universidades deben integrar en su agenda de trabajo el desarrollo de un nuevo modelo de programa para la preparación de maestros, que tenga el aprendizaje con sentido como base del proceso educativo.

Referencias

Argyris, C. Putnam, R. & Smith, D. (1985). *Action Science.* San Francisco: Jossey-Bass.

Champagne, A. B., Klopfer, L. E. y Anderson, J. H. (1980). "Factors Influencing the Learning of Classical Mechanics". *American Journal of Physics,* 48 (12): 1074-1079.

Clement, J. (1982). "Students' conception in Introductory Mechanics", *American Journal of Physics*, 50 (1): 66-71.

Cohen, D. K. y Barnes, C. A. (1993). "Conclusion: A New Pedagogy for Policy?" in Cohen, McLaughlin and Talbert (Ed). 1993. *Teaching for Understanding.* San Francisco: Jossey Bass.

Cohen, D. McLaughlin, N.W. y Talbert, J. (Ed). 1993. *Teaching for Understanding*. San Francisco: Jossey-Bass.

Gardner, H. (1991). *The Unschooled Mind: How Children Think and Schools Should Teach.* New York: Basic Books.

Duckworth, E. (1987). *The Having of Wonderful Ideas.* New York: Teachers College Press.

Husén, T. (1989). "Educational Research at the Crossroads? *Prospects,* Vol.XIX (3) pp. 351-360.

Karmiloff-Smith, A. and Inhelder, B. (1975). "If you want to get ahead, get a theory". *Cognition*, 3: 199-212.

Miller, T. C. (1986). "A design science perspective". In T. C. Miller (Ed). *Public sector performance.* Baltimore. Johns Hopkins University Press.

Quintero, A. H. (1992). "Hacia una agenda para la investigación educativa". Centro de Investigaciones e Innovaciones Educativas.

_____. (1989). "The University of Puerto Rico's Partnership Project with Schools: A Case Study for the Analysis of School Improvement." *Harvard Educational Review.* 59, 347-361.

Schön, D. A. 1991. *Educating the Reflective Practitioner.* San Francisco: Jossey-Bass.

Stevenson, H. W. y Stigler, J. W. 1992. *The Learning Gap.* New York: A Touchstone Book.

Capítulo V

La centralización del Departamento de Educación: ¿enfermedad o síntoma?

Una de las labores del Centro de Investigaciones e Innovaciones Educativas (CIIE), adscrito al Consejo General de Educación, es estudiar los resultados de las investigaciones e innovaciones que promueve y analizar qué implicaciones tendrían éstas, de implantarlas, en el desarrollo de política educativa. Este trabajo presentará lo que, a nuestro juicio, nos indica la experiencia actual en el CIIE sobre la organización administrativa del Departamento de Educación (DE).

Uno de los temas que más se discute en el debate público sobre cómo mejorar nuestras escuelas es el de la descentralización del Departamento de Educación. No empece lo importante de esta discusión considero que la misma falla pues toma el síntoma por la enfermedad.

La estructura administrativa del DE, una sumamente jerárquica y centralizada, corresponde a una visión sobre el proceso educativo. Éste se ve como un proceso cerrado cuando la realidad muestra que es uno abierto. Dada esta visión, la estructura que guía la enseñanza se asemeja a la línea de producción en el mundo de los negocios. Uno de sus productos principales es el currículo; éste se entrega a los distribuidores, que son los maestros; y éstos lo hacen llegar a los usuarios, que son los estudiantes. El saber no es, en esta visión, el producto de un proceso que realizan en conjunto todos los que están involucrados en esta estructura, sino más bien un objeto que se dirige. Esta visión de la enseñanza y la manera que se estructura ésta, hace de la misma una pasiva. Reina entonces en la escuela el paradigma de la fábrica de producción.

En los procesos de producción tenemos de antemano el conocimiento que sirve de base para que desarrollemos el plan de producción. El objetivo de la organización es lograr traducir ese plan en un proceso efectivo y eficiente. Una vez se elabore un plan para este proceso los problemas que resultan son estables y predecibles. En otras palabras tenemos un sistema cerrado. Por lo tanto la estructura organizativa se fundamenta en la rutina: repetir las soluciones que han funcionado en el pasado. Las burocracias son las estructuras por excelencia para organizar sistemas cerrados. Si la enseñanza se ve como un proceso de producción, que sirve de base para que desarrollemos en un sistema cerrado, la burocracia es la forma de organizar la misma.

Es evidente que este modelo no está funcionando. Las escuelas no reciben el apoyo que necesitan. Al buscar una alternativa para la organización del sistema no debemos enfocarnos en buscar la estructura opuesta o contraria a la que tenemos (centralizada-descentralizada, jerárquica-democrática). Tenemos que analizar la concepción misma de la educación y luego buscar la estructura que facilite la realización de esa concepción de la educación, ya sea en una estructura centralizada o descentralizada, o la combinación de ambas. Si no lo hacemos así, si meramente descentralizamos, esto nos llevará a la multiplicación de estructuras tan burocráticas como el actual Departamento de Educación. Esto es, un sinnúmero de "departamentitos", que no necesariamente significa resolver el problema fundamental de la educación.

En una reunión realizada recientemente en los Estados Unidos, se planteaba que el sistema educativo norteamericano, aunque descentraliza en las juntas educativas de los distritos, mantiene una estructura centralizada y burocrática dentro del distrito. Se añade a este problema la falta de coordinación que existe entre los distritos. En estudios recientes del sistema norteamericano como por ejemplo, Sashkin y Egermein (1991), se plantea la necesidad de coordinación adecuada entre las diferentes unidades autónomas que componen el sistema.

Así, pues, no podemos limitarnos a descentralizar sin analizar en forma más profunda la organización administrativa más idónea para apoyar el aprendizaje. Diseñar la estructura que debe tener el Departamento de Educación sin tener claro la naturaleza de la educación que queremos impartir es tan absurdo como decir que vamos a diseñar un instrumento sin saber cuál es el propósito de ese instrumento.

Naturaleza de la educación

Hay muchas visiones sobre qué es la educación, pero a mi juicio, la más correcta es la que entiende que la educación es un proceso que comienza al nacer y no termina hasta morir. Vale decir, es un proceso donde intervienen un sinnúmero de instituciones: la familia, la comunidad, la escuela, los medios de comunicación, la sociedad en general. Se da fuera y dentro de la escuela.

Debido a la multiplicidad de factores que se entrelazan en este proceso no se pueden controlar todas las variables. Es un proceso lleno de sorpresas y contingencias. *Es un proceso abierto.*

El aspecto formal de la educación, el que se da en las instituciones educativas gira esencialmente en el intercambio del maestro con los estudiantes. Una de las lecciones que hemos aprendido en el CIIE al trabajar en las Escuelas Laboratorio, así como en los procesos de intercambio con maestros, directores, superintendentes y otro personal directivo del sistema, es la gran variedad de situaciones en que se da este intercambio. Anteriormente pensábamos que esta variedad se regía mayormente por el ambiente socio-cultural de la escuela. Hemos descubierto que esta diversidad se debe a un sin número de variables además de las socio-culturales mencionadas, muy difíciles de prevenir de antemano. Así, en una misma escuela inciden una gran variedad de situaciones que requieren estrategias diferentes. Por ejemplo, la población estudiantil que asiste a una misma escuela es muy variada. Tenemos un grupo de estudiantes ávidos por aprender y mejorarse. Junto a éstos tenemos un grupo de estudiantes llenos de tantos problemas en sus vidas que se les dificulta concentrarse en el aprendizaje. Estos niños y jóvenes con problemas necesitan una atención especial, que es difícil ofrecer en un salón de clases corriente.

Al igual que los estudiantes, los maestros son diferentes unos de otros. Tienen diferentes talentos e intereses. La escuela debe aprovechar los talentos e intereses de sus maestros. El programa escolar debiera reflejar estas diferencias.

El planteamiento expuesto en los párrafos anteriores coincide con el diagnóstico que hace Ramsay (1983) de la escuela. Éste plantea que la escuela es probablemente la institución más compleja de nuestra sociedad y ningún factor único podrá explicar toda su complejidad.

Nuestra experiencia nos demuestra que en su análisis más profundo, los problemas escolares no son mayormente pedagógicos. Así el problema principal de nuestras escuelas no es cómo enseñar matemáticas, inglés, o español, sino cómo, por ejemplo, crear un programa que tenga sentido para los estudiantes. Esto no es sencillo, dada la gran variedad de estudiantes con que trabajamos. Como hemos señalado en varias ocasiones, muchas de nuestras escuelas reciben estudiantes con una problemática de vida que les dificulta concentrarse en el aprendizaje. Estos niños y jóvenes requieren unas atenciones especiales que actualmente, si con suerte llegan a ser atendidos por diferentes grupos y oficinas, se ofrecen en forma desarticulada. Es necesario repensar cuál es la responsabilidad de la escuela en esta situación. Una posible alternativa es que la escuela se convierta en un centro de comunidad donde se atienda en forma coherente muchas de las necesidades más importantes del estudiante. Esto requiere cambiar la visión de la escuela de una guiada por un equipo de educadores a una guiada por un equipo interdisciplinario. Esto permitirá atender otras necesidades además de las pedagógicas. Requerirá, además, unos recursos diferentes para la escuela y una organización que también promueva este trabajo en equipo. Una de las áreas que el CIIE está trabajando en la investigación en la acción es cómo desarrollar este tipo de escuela. Lo que aprendamos en este proceso sin duda debe tenerse en cuenta al desarrollar la organización administrativa del DE.

¿Cómo debe ser la escuela para que atienda las necesidades educativas del estudiante del Puerto Rico de hoy?

Esta es una pregunta para la que no tenemos contestación definitiva. Es una pregunta que requiere exploración de alternativas e investigación en la acción. De hecho, varias universidades, grupos comunitarios y el CIIE, entre otros, están desarrollando proyectos que tratan de contestar esta pregunta. En el segundo artículo de esta serie, "Hacia un modelo ecológico para la escuela" analizamos la visión que sugerimos, fundamentada en la experiencia en las escuelas laboratorio. A grandes rasgos esta visión sugiere una nueva concepción de:

La experiencia de los estudiantes. La enseñanza debe atender las necesidades e intereses de los estudiantes, debe desarrollar en éstos su estima propia y sus potencialidades. Esto requiere una enseñanza activa, que parta de experiencias vividas, diversas de acuerdo a sus intereses y habilidades. Esta enseñanza debe darse dentro de un ambiente de respeto a cada persona y con el interés de obtener lo mejor de cada uno.

El ambiente de trabajo del maestro y el director. El maestro, el director y otro personal de apoyo son los que atienden directamente al estudiante. Son los que tienen que trabajar con la variedad de situaciones que se presentan en el salón de clases o en la escuela. A ellos debe ofrecérseles las herramientas y el poder de decisión para desarrollar las actividades de enseñanza y la organización escolar que mejor atienda la realidad de su escuela.

Debe también tener el tiempo necesario para desarrollar esas actividades, la reflexión continua sobre su experiencia y el intercambio con compañeros y otro personal de apoyo que permita el trabajo en equipo.

La supervisión. Ésta debe cambiar de una dirigida a la fiscalización a una dirigida a apoyar y entusiasmar al maestro o al equipo de trabajo. La supervisión debe estar dirigida a hacer preguntas que lleven al equipo escolar a reflexionar y mejorar, y no a dar directrices. En los diferentes niveles se debe ver al supervisor como un recurso que ayuda a los maestros a ser mejores y no como una carga que hay que soportar. La supervisión en todos los niveles debe ayudar a disminuir el sentido de soledad de las diferentes personas que laboran en el sistema. Así debe promover el intercambio entre personas que laboran en tareas germanas y estar disponible para servir de apoyo en momentos difíciles.

La organización y administración escolar. El tipo de intercambio que proponemos requiere que revisemos la organización y administración escolar.

La relación escuela-comunidad. Cuando el currículo es homogéneo, la escuela puede verse como una isla en la comunidad. Ahora bien, cuando el currículo tiene como una de sus metas principales el facilitar la participación productiva y responsable del estudiante en el sistema socio-cultural más amplio en que vive, el currículo tiene que estar estrechamente relacionado con las realidades de la comunidad.

Así como el currículo, la actividad escolar debe estrechar vínculos con la comunidad.

Organización administrativa para atender la realidad educativa

Nuestro análisis anterior muestra que la realidad educativa es muy compleja, diversa, con problemas y oportunidades que cambian constantemente. Como tal es un sistema lleno de contingencias, de sorpresas, un sistema donde a menudo no tenemos toda la información a mano al hacer una decisión. Por lo tanto, debemos crear una organización que nos permita buscar las respuestas que necesitamos. Pues, si bien es cierto que hay unos principios que deben regir el desarrollo del currículo y la enseñanza en Puerto Rico, también es cierto, como hemos argumentado, que hay una gran diversidad de situaciones en que se da el proceso de enseñanza-aprendizaje. Esto último implica que cada escuela debiera poder desarrollar su propio currículo, su organización, su horario y el uso de los recursos, entre otros. Por ejemplo, en una escuelita rural aislada, donde los niños tienen que caminar, a veces dos horas, para llegar a la escuela (aunque usted no lo crea todavía tenemos estas situaciones en Puerto Rico) la labor escolar podría comenzar a las 9:00 a.m. en lugar de a las 8:00 a.m. De 8:00 a.m. a 9:00 a.m. podría haber actividades libres para los niños que viven cerca. Otra escuela, que atienda estudiantes que tienen graves problemas en su hogar (en ocasiones niños medio abandonados), necesita una mayor dosis de atención emocional que en otros lugares. En estos casos, es necesario revisar la proporción actual de actividades académicas y otras de índole de desarrollo personal. Así podemos mencionar un sinnúmero de situaciones que requieren estrategias variadas para la enseñanza. Por esto cada escuela debe tener la posibilidad de desarrollar su propio currículo, organización y horario.

Para esto es necesario una organización diferente del sistema. Hay que desarrollar unos marcos curriculares a nivel isla. El maestro y el director decidirán cómo implantar estos marcos en cada escuela. Para que estas decisiones sean reales las escuelas deben decidir cómo utilizar su presupuesto. Necesitamos normas generales que cuiden por el buen uso de fondos y recursos. A la par tiene que haber flexibilidad para atender a cada situación en la forma más eficiente.

Al igual que con la escuela, cada nivel del sistema va a presentar unas situaciones particulares. Por ejemplo, los problemas que confronta un distrito como San Lorenzo, donde la transportación a lugares aislados es una realidad, son diferentes a los que confronta un distrito como San Juan I, donde las escuelas están relativamente cerca de los hogares, pero tiene problemas serios de seguridad y violencia.

Dado lo diverso de las situaciones, las personas más cercanas a las mismas son las que tienen la información y criterio para poder decidir sobre éstas. *El principio que debe regir es que el poder de decisión debe estar lo más cercano a donde realmente se toman las decisiones.* Por ejemplo, el poder de decidir si el maestro puede ausentarse para asistir a una reunión profesional u otra actividad debe estar en manos del director. Él es el que sabe si puede hacer los arreglos para atender la tarea del maestro, el beneficio que ésto conlleva para la escuela. El Secretario, quien actualmente otorga estos permisos, tiene pocos elementos de juicio para tomar esa decisión. Podríamos dar muchos ejemplos como éste donde la persona que toma la decisión no tiene realmente los criterios para hacer una buena decisión.

Personas en organizaciones dirigidas a ambientes abiertos

Aunque el aprendizaje de las organizaciones ocurre a través de los individuos que la componen, es un error pensar que el aprendizaje de las organizaciones no es otra cosa sino el cúmulo del aprendizaje de sus miembros. Para tener organizaciones dispuestas a aprender, tenemos que tener individuos dispuestos al cambio, a revisar, en base a la experiencia, los procesos organizativos y decisionales.

Dado el grado de incertidumbre, sorpresas y contingencias que se generan en los ambientes abiertos, las personas que trabajan estos deben tener una actitud flexible, atreverse a tomar decisiones en ambientes de incertidumbre, entender que en estas situaciones también uno se equivoca, por lo tanto los errores no deben verse como un fracaso del cual avergonzarse, sino una situación de la cual es necesario aprender. En otras palabras se debe tener una actitud de investigación ante la acción.

Nuestra experiencia nos muestra que la forma tradicional de adiestrar para que los maestros u otro personal del sistema generen nuevas formas de organización o de enseñanza no es la más efectiva para lograr estos cambios. Gran parte de estos adiestramientos están dirigidos a familiarizar al maestro con estrategias o materiales para incorporarlos al salón. Los mismos no ofrecen la experiencia para adaptar o cambiar estas estrategias o materiales de acuerdo a la realidad del maestro. Al igual que estos adiestramientos, los programas de preparación de maestros no apoyan al maestro como un investigador, sino que ofrecen soluciones mecánicas para situaciones complejas. En el último artículo de esta serie ampliamos sobre este tema.

El tipo de preparación que se necesita para sistemas que presentan tanta diversidad y cambios es otro. Es necesario involucrar a las personas en procesos de cambio, *desde el diagnóstico* del problema y, a través de la reflexión sobre la acción, ir desarrollando la actitud de investigación ante la acción. Por ejemplo, la maestra de matemáticas, con quien trabajé en uno de los proyectos del Seminario Colaborativo entre la Universidad de Puerto Rico y el Departamento de Educación, tomó durante el verano, antes del inicio de nuestro proyecto, un taller en la Universidad de Puerto Rico, sobre estrategias de enseñanza basadas en actividades con materiales concretos. Ella disfrutó mucho esta experiencia. Sin embargo, el semestre siguiente, aunque incorporó al salón de clases algunas de las actividades del taller de verano, no hubo cambios significativos en su forma de enseñar. Ella me explicaba que era muy difícil usar estas actividades en su salón, ya que están diseñadas para trabajo individual o en grupos pequeños de estudiantes. Sus estudiantes, los cuales en su mayoría eran de un bajo aprovechamiento académico, necesitaban atención constante. Es entonces muy difícil para una persona atender treinta y cinco estudiantes trabajando individualmente o en grupos que reclaman la atención del maestro.

Ante esta situación comenzamos a analizar las dificultades de los estudiantes y a pensar en formas de mejorar la enseñanza para este grupo de estudiantes. Al principio la maestra no estaba muy receptiva a tratar las sugerencias que yo le hacía sobre nuevas formas de organización del salón de clases. Finalmente me pidió que yo enseñara una clase y le mostrara la forma "correcta" de alcanzar nuestras metas. Le indiqué que no tenía la solución para su problema, pero estaba dispuesta a tratar con ella diferentes alternativas.

Esta conversación, junto a las discusiones en el Seminario Colaborativo, donde se reflexionaba continuamente sobre las experiencias en los proyectos, transformó la actitud de esta maestra ante el proceso de cambio. Se percató que para generar cambio es necesario explorar alternativas y aprender de las mismas. Citando a Don Luis Muñoz Marín: "la experimentación nos permite aprender y probar cosas nuevas para resolver problemas y nos permite también equivocarnos para buscar caminos, para buscar otras soluciones".

De hecho, la forma de organizar el salón que resultó mejor fue idea de la maestra misma. Ella dividió al grupo en cinco subgrupos. Cada subgrupo tenía un líder que era responsable del aprendizaje y de la disciplina. Los subgrupos podían trabajar en diferentes niveles y con actividades individuales. Al tener cinco ayudantes, estudiantes del mismo grupo, la maestra pudo atender mejor las necesidades de sus discípulos.

En este proceso de aprender de la experiencia es importante el intercambio y la colaboración entre personas trabajando en tareas similares. Shulman (1989) plantea que *las dificultades del maestro de aprender de su experiencia son comunes a las de cualquier individuo que está tratando de entender un mundo complejo mientras trabaja solo.*

La experiencia en el CIIE nos muestra la importancia de los seminarios entre grupos trabajando en tareas similares. Los mismos permiten la reflexión, el intercambio de ideas, la sugerencia de nuevas alternativas y el apoyo que da el sentirse que uno no está solo en su labor.

Además de esta actitud de investigación, las personas que trabajan en ambientes abiertos tienen que estar dispuestas a tomar decisiones y ser responsables por las mismas. Para lograr esto es necesario:

- que la persona tenga un sentido de pertenencia a la organización - una persona que sienta que es una mera ficha en una línea de producción, actuará de acuerdo a esa imagen. Si la decisión y responsabilidad descansa arriba, ella se limitará a actuar de acuerdo a lo predeterminado, esté bien o esté mal.

  Si por el contrario la persona se siente parte de un equipo donde en las decisiones se toman en cuenta el conocimiento de los que ponen en práctica la misma, actuará de acuerdo a esa imagen, y reflexionará sobre cómo es mejor poner en práctica una decisión, o si es necesario cuestionar la misma. El equipo también dará apoyo cuando uno se presente ante una situación difícil.
- que los errores se vean como oportunidades de aprendizaje en vez de usarlos en forma punitiva o atacar la autoestima.

El aprendizaje en las organizaciones no debe limitarse a las estrategias de acción sino que debe darse también en la definición y examen de la agenda de trabajo. La agenda de acción, al igual que las estrategias de trabajo, deben ser foco de reflexión continua. Al desarrollar una agenda pueden surgir un sinnúmero de situaciones que hagan necesaria la revisión del plan de trabajo.

Al trabajar en proyectos educativos donde se entrelazan tantas variables, surgirán múltiples problemas y oportunidades que no estaban previstas al iniciar el proyecto. Si tratamos de trabajar con todos los problemas y oportunidades a la vez puede surgir una sensación de agobio, o complicarse de tal forma el manejo del proyecto que pierda su efectividad. Debemos entonces promover que diferentes grupos aborden diferentes problemas, conscientes de la interrelación de éstos, pero conscientes de la imposibilidad de trabajar con todas las variables a la par. Es entonces necesario mantener un intercambio de ideas entre estos grupos que permita la visión global del problema. En este espacio es esencial desarrollar unos mecanismos efectivos de comunicación.

Necesidad de crear estructuras que apoyen el aprendizaje

Como planteamos anteriormente es un error pensar que el aprendizaje en las organizaciones es el cúmulo del aprendizaje de sus miembros. Necesitamos desarrollar estructuras que apoyen e incorporen este aprendizaje. En ambientes abiertos es necesario que las estructuras tengan una relación estrecha con el contorno. Como argumentábamos, esto requiere grupos de trabajo que se relacionen directamente con su entorno y así puedan aprender rápidamente. Dada la estrecha relación de diferentes situaciones es necesario que estos grupos mantengan relaciones con otros grupos trabajando en áreas germanas. La imagen de un sistema "loosely coupled" es la más apropiada para describir este tipo de organización. En otras palabras, es un sistema compuesto de subsistemas con cierta autonomía de acción a la par que mantienen una interrelación continua con los otros componentes.

En la organización de subsistemas es importante crear entidades en la organización que promuevan vínculos de intercambio entre estos subsistemas. Si visualizamos cada escuela como un subsistema, una de las funciones que podría tener el distrito es la de promover el intercambio entre diferentes escuelas de su distrito con problemas o intereses parecidos, así como la de éstas con escuelas de otros distritos u otras entidades educativas o sociales que puedan enriquecer la experiencia de las mismas.

Del ejemplo que hemos dado, se infiere que tendríamos que estudiar la función que debe tener cada nivel del sistema en esta nueva organización.

Es importante señalar que en este tipo de organización las alternativas de cambio podrían surgir de diferentes niveles. Una escuela podría presentar nuevas ideas que a través del sistema de comunicación e intercambio se adoptaran en otras. Igualmente a nivel de distrito, región o central, estudiar lo que ocurre en varios lugares podría ofrecer perspectivas que ayuden a desarrollar nuevas alternativas.

Las nuevas estrategias para la organización administrativa requieren cambios conceptuales

El cambio de estructuras en la organización requiere concepciones nuevas sobre el mundo, así como nuevas teorías sobre la acción. Por esto, cambiar de una estructura a otra sin que las personas cambien sus concepciones lleva a que se mantengan las viejas formas. Así ha sucedido con experiencias previas, tales como las ocurridas en el área de la educación, donde hemos visto que cambiar el currículo sin que cambien las actitudes y concepciones del maestro sobre el aprendizaje se traduce en que se mantiene la misma situación de la enseñanza. En las organizaciones puede ocurrir algo similar.

Para esto, para que se desarrollen unos cambios en la organización, hay que ir desarrollando un lenguaje, un discurso y una acción que a su vez inciten nuevas visiones del mundo.

Esto por supuesto no es sencillo ni es rápido. Requiere ante todo que estos procesos vayan acompañados por otros de tipo educativo donde todos participen en el cambio, inclusive los dirigentes. Las personas que dirijan estos procesos deben estar en una reflexión continua sobre los mismos, creando interpretaciones que den sentido a los participantes de su acción.

Propuesta de estructura administrativa para el Departamento de Educación

A continuación propongo un esquema de un modelo de estructura administrativa para el DE. El mismo ha surgido de la discusión de las ideas que he expuesto con el Seminario de Líderes Educativos, el grupo de reflexión e intercambio de directores que apoya el CIIE y el círculo de superintendentes de la Región Educativa de San Juan, grupos con los cuales he compartido y discutido este trabajo. Recoge también ideas del trabajo que presentó la Dra. Rosa Santiago-Marazzi al CIIE,[2] así como de mi experiencia trabajando en proyectos educativos.

Este modelo parte de la realidad de la escuela que presenta un entorno dinámico y rápidamente cambiante el cual requiere mayor participación en la toma de decisiones de aquellos que están en contacto directo con la situación.

Intenta también propiciar la colaboración y coordinación de manera que el sistema educativo mantenga una unidad de propósito y un intercambio de ideas y reflexión.

La estructura de cualquier organización es el conjunto de modos en que se divide para realizar su trabajo, y los mecanismos de coordinación que existen entre estos niveles.

Referencias

Barth, S. 1991. *Improving Schools from Within.* San Francisco: Jossey-Bass Publishers.

[2]Criterios y diseño de una estructura escolar centrada en el estudiante

Elmore, R. F. y Associates. 1991. *Restructuring Schools.* San Francisco: Jossey-Bass.

Hannaway, J. y Carnoy, M. (Ed). 1993. *Decentralization and School Improvement.* San Francisco: Jossey-Bass Publishers.

Quintero-Alfaro, A. G. 1972. *Educación y cambio social en Puerto Rico.* San Juan: Editorial de la Universidad de Puerto Rico.

Ramsay, P.D., 1983. "Fresh Perspective on the School Transformation- Reproduction Debate: A Response to Anyon from the Antipodes" *Curriculum Inquiry,* 13: 295-320.

Sashkin, M. y Egermein, J. 1991. "School Change Models and Processes: A Review of Research and Practice" Working draft. Office of Educational Research and Improvement.

Shulman, L. S. 1989. "Teaching Alone, Learning Together: Needed Agendas for the New Reforms" en Segiovanni, T. J. y Moore, J. H. (Ed) *Schooling for Tomorrow.* Boston: Allyn y Bacon.

Weick, K. W. 1976. "Educational organizations as loosely coupled systems" en *Administrative Science Quarterly* 21: 1-19.

ESQUEMA PARA ESTRUCTURA ORGANIZATIVA DEL SISTEMA EDUCATIVO

ÁREA	ESCUELA	DISTRITO	REGIÓN	CENTRAL	CONSEJO GENERAL DE EDUCACIÓN
Currículo	Desarrollará currículo a base de las necesidades de los estudiantes partiendo de un marco amplio establecido a nivel central y utilizando como recurso actividades generadas en centros regionales. Esto requiere que el maestro tenga más tiempo disponible para preparar estos materiales. Cada escuela tendrá un mini-CLA, que mantenga un banco de actividades.		Tendrá centros de desarrollo de actividades y materiales curriculares y un centro de experimentación e innovación conjuntamente con el CIIE y centros universitarios.	Conjuntamente con las universidades y grupos representativos de la sociedad, desarrollará el marco curricular.	El Centro de Investigaciones e Innovaciones Educativas (CIIE) colaborará en el desarrollo del Marco Curricular al traer lo que se conoce de la investigación Colaborará también con los centros de desarrollo de materiales en las regiones.
Enseñanza	**Libro de recursos** La escuela tendrá fondos para comprar los libros de recurso. **Materiales** La escuela tendrá fondos para materiales especiales.	A nivel de distrito se harán compras de los materiales que se usan año tras año, por ejemplo papel, tiza, borradores, pinturas.	Centro de experimentación y divulgación de ideas para la enseñanza.		El CIIE colaborará con ideas a los Centros Regionales.

ESQUEMA PARA ESTRUCTURA ORGANIZATIVA DEL SISTEMA EDUCATIVO

ÁREA	ESCUELA	DISTRITO	REGIÓN	CENTRAL	CONSEJO GENERAL DE EDUCACIÓN
Personal	El director escogerá los maestros y el personal de apoyo entre personas certificadas para esa labor.	La facultad escogerá una terna entre la cual el superintendente escogerá al director.	El director regional escogerá a los superintendentes.	Emitirá certificados a maestros, directores, etc. Escogerá directores de las regiones.	
Supervisión	Redefinir el concepto. Dado que existe el proceso de licencia y acreditación, el cual monitorea la efectividad de las escuelas, los supervisores deben tornarse en recursos para los maestros y directores.	Promover que el equipo de supervisores trabaje con visión integrada y de apoyo al maestro.	Transformará a los supervisores en recursos para el Centro de desarrollo de materiales y de fortalecimiento de la facultad.		
Organización escolar	Decidirá su organización.				
Presupuesto	Se le asignará un presupuesto a base del plan que se elabore con el consejo escolar. Este plan indicará cómo utilizará el presupuesto entre personal a tiempo completo, a tiempo parcial, materiales y equipo.	Evaluará si el uso de presupuesto por las escuelas está dando resultados. Se le asignará un presupuesto que dividirá entre las escuelas a base de sus necesidades, compra de materiales, equipo y otras actividades.	Asignará un presupuesto para actividades de la región.	Elaborará un plan general de presupuesto.	

ESQUEMA PARA ESTRUCTURA ORGANIZATIVA DEL SISTEMA EDUCATIVO

ÁREA	ESCUELA	DISTRITO	REGIÓN	CENTRAL	
Procedimiento de compras	Podrá comprar materiales y equipo de uso específico.	Comprará materiales y equipos de uso general en las escuelas. Por ejemplo, papel, sillas, mesas, etc.	Comprará los materiales y equipos que utilice en su Centro de Actividades	Revisará los procedimientos de manera que en cada nivel se pueda comprar con agilidad.	
Planificación y evaluación	Planificará el currículo. Evaluará el desarrollo del estudiante.	A base de los resultados de licencia y de la evaluación, tomará las medidas necesarias para apoyar a las escuelas que muestren dificultad.	Condicionará la evaluación de las escuelas. Identificará áreas problemáticas y desarrollará actividades para fortalecerlas.	Planificación general: ·estudio del entorno ·proyecciones Evaluación: ·establecerá unos parámetros amplios para la evaluación.	Evaluación de escuelas: Licencia.
Servicios de apoyo	Director: Coordinará en el programa los servicios de apoyo.	Coordinará con otras agencias el ofrecimiento de estos servicios.			

Diagrama 1

Esquema de Estructura Administrativa

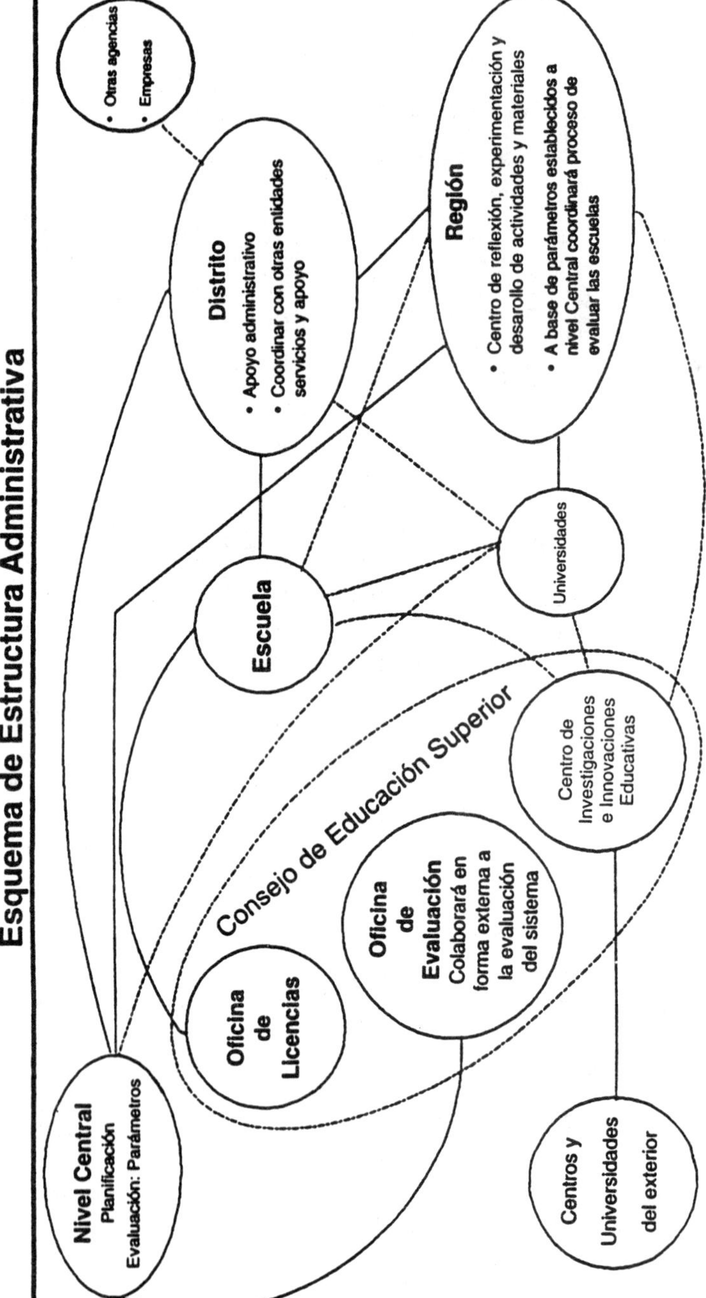

Capítulo VI

El cambio educativo

En los ensayos de esta serie hemos presentado una nueva visión para la escuela puertorriqueña y para la organización administrativa del sistema educativo. Estamos conscientes de que poner en práctica esta visión requiere el enfrentarse a grandes obstáculos. El principal entre éstos es la incapacidad de muchos educadores de "desaprender" lo que por años se les ha repetido y aprender, en la práctica, sobre la escuela y sistema educativo que necesitamos.

Es necesario subrayar que las reformas de hoy generarán los problemas del mañana. Nuestra meta entonces no puede limitarse a llevar a la práctica una visión, sino desarrollar la capacidad del sistema para que pueda atender en forma ágil y creativa nuevas situaciones. Por estas razones el proceso de cambio es tan importante como el cambio mismo. Un artículo de McLaughlin (1990) que resume un estudio que analiza los factores que apoyan el que las innovaciones se integren a la práctica, confirma esta última aseveración. Ellos encontraron que el contenido del proyecto tenía menos importancia en su implantación que la forma como el mismo se llevaba a cabo. En este capítulo queremos analizar la labor del Centro de Investigaciones e Innovaciones Educativas (CIIE) como ejemplo de un instrumento efectivo para promover un proceso de cambio en nuestro sistema.

El Centro de Investigaciones e Innovaciones Educativas: ejemplo de un instrumento para promover el cambio

El proceso de cambio en el sistema educativo es una realidad sumamente compleja que requiere diferentes tipos de apoyo. Entre los apoyos que son necesarios está el ir desarrollando una visión diferente sobre lo que debe ser la escuela. Ahora bien, el cambiar concepciones no es sencillo. La psicología cognoscitiva ha comprobado que las personas no cambian sus concepciones solamente por encontrar errores en las mismas. Para cambiar concepciones necesitan una concepción alterna que les provea una mejor interpretación de la realidad. Esto coincide con lo que ha planteado Kuhn sobre los cambios en las teorías científicas. Los cambios en la ciencia no se dan solamente por haberse encontrado errores en la teoría actual. Es necesario que surja una teoría alterna que convenza a la comunidad científica de lo necesario de un cambio.

Podríamos hacer una analogía con la educación y plantear que para ir desarrollando una visión diferente sobre la escuela es necesario crear concepciones alternas que presenten una alternativa a la visión actual. Ahora bien, como la educación es una disciplina práctica es necesario crear estas alternativas en la práctica. De aquí la necesidad de desarrollar proyectos pilotos que presenten alternativas a la visión actual y puedan obtener en un corto plazo algunos resultados positivos que se reflejen en la calidad de la enseñanza y en el nivel académico. Esto ayuda a convencer a algunas personas sobre un cambio en concepción. Obtenemos así un primer paso en el proceso de cambio educativo.

La posibilidad de experimentar y explorar las diferentes alternativas de educación a nuestro alcance, en un ambiente propicio para la reflexión, permitirá desarrollar, evaluar y refinar modelos educativos que ayuden, en el proceso de convencer para el cambio, y a su vez sirvan de laboratorio de reflexión para las escuelas y universidades.

El CIIE ha estado trabajando en esta dirección. Como parte de su plan de trabajo ha estado desarrollando en la práctica alternativas a la visión generalizada sobre:

1. el proceso de enseñanza-aprendizaje,
2. la organización administrativa,
3. el desarrollo del personal.

Estas alternativas a su vez han servido para promover la reflexión y discusión entre el personal del sistema y de las universidades de manera que unas y otras vayan cambiando sus concepciones sobre el sistema educativo.

1. Modelos sobre el proceso de enseñanza-aprendizaje

Uno de los proyectos principales en el cual se ha trabajado es el desarrollo de escuelas laboratorio. En éstas se están experimentando alternativas al modelo actual de escuela. Al analizar la situación educativa se observó que los fracasos principales de la escuela se dan en las áreas de pobreza urbana. Es aquí donde los índices de deserción y fracaso son mayores. Consideramos que era importante iniciar la búsqueda de alternativas en escuelas localizadas en esta áreas.

Comenzamos apoyando el proyecto en la Escuela Antonio S. Pedreira. Este proyecto, auspiciado por el Municipio de San Juan y la Universidad de Puerto Rico, venía desarrollando desde 1990 un modelo diferente para la escuela elemental. Éste atendía un gran número de niños que provenían de diferentes residenciales de San Juan. La Escuela Pedreira, a su vez, ha servido como ejemplo de un modelo alterno que ha ayudado a convencer a otros de la necesidad de un cambio.

En agosto de 1992 se iniciaron dos proyectos de escuelas laboratorio a nivel elemental en las escuelas Sofía Rexach (Cantera) y Abraham Lincoln (La Perla). El trabajar en estas tres escuelas nos ha permitido ver en la realidad el principio que hemos esbozado en los capítulos de este libro, la naturaleza del sistema abierto de nuestra realidad escolar. La situación, los problemas y las fortalezas de cada escuela son diferentes. A medida que trabajamos en los proyectos las escuelas cambian y nuevas realidades se presentan. Por esto, las estrategias necesarias para trabajar en cada una de ellas tiene que variar y estar siempre enriqueciéndose a base de lo aprendido en la práctica y de las nuevas situaciones que se presentan.

Tanto la alternativa educativa que está surgiendo en estas escuelas, como el proceso de desarrollarlas, son fuente de aprendizaje. Por esto, una de las tareas que nos hemos impuesto es la de documentar este proceso y compartirlo con otros a través de reuniones, publicaciones y material audiovisual.

Ya ese proceso de compartir el aprendizaje generado en estos tres proyectos está dándose entre maestros, directores y personal del sistema. Esperamos que el comunicar y discutir estas ideas y experiencias pueda ir cambiando las concepciones que mantienen a la escuela ajena a las necesidades e intereses de nuestros estudiantes y maestros.

2. Modelos de organización administrativa

La escuela no es una isla en nuestro sistema sino que depende para muchas de sus actividades de otros niveles del sistema. Por esto un cambio en la visión de la escuela requiere que repensemos el papel de estos otros niveles. De hecho, esta ha sido nuestra experiencia en las escuelas laboratorio. Los cambios que proponemos requieren que se revise el papel del supervisor, del distrito, de la región y del nivel central. En el capítulo "La centralización del Departamento de Educación: ¿enfermedad o síntoma?" presentamos la visión que sugerimos para estos niveles.

Al igual que con la escuela, sugerimos que se inicien proyectos pilotos que permitan explorar alternativas para estos niveles. El CIIE ha iniciado pasos en esta dirección. Así, a base de nuestra experiencia en las escuelas laboratorio hemos iniciado un seminario con directores de escuelas y otro con los superintendentes de la Región de San Juan donde nos preguntamos cómo debe ser la organización administrativa que apoye este tipo de visión sobre la enseñanza que se ha ido generando en nuestras escuelas laboratorio. Entendemos que para que un cambio de visión sobre el proceso de enseñanza-aprendizaje transforme el salón de clases es necesario que exista apoyo de parte de la organización administrativa.

3. Modelos de desarrollo de personal

Una nueva visión sobre la enseñanza requiere que los maestros desarrollen nuevas estrategias y conocimiento. Esto toma tiempo. Requiere también que cambien las estrategias para el desarrollo de los maestros y otro personal escolar. Experiencias previas nos muestran que la participación en proyectos de innovación educativa y la reflexión sobre esta experiencia es la mejor forma de promover el desarrollo de personal dirigido al cambio. Más que un cambio específico, este proceso de desarrollo promueve una actitud crítica en la persona, quien reflexiona de manera continua sobre cómo mejorar su labor.

Este proceso también ayuda a contrarrestar la desmoralización que tienen los maestros y que nace del sentimiento de que no pueden cambiar nada. Al participar en proyectos innovadores y tener la oportunidad de discutirlos en grupos que integran personal universitario con personal del sistema pre-universitario, se amplían las perspectivas de los maestros sobre formas de mejorar la enseñanza.

En agosto de 1992 se inició, conjuntamente con varias universidades y apoyado por la Fundación de Puerto Rico, el Seminario de Líderes Educativos. El seminario promueve un proceso de acción y reflexión, para desarrollar el tipo de liderato que se necesita para hacer cambios más profundos, basados en los principios que hemos esbozado. El Seminario está dirigido a crear equipos de trabajo constituidos por un superintendente, un director, un maestro y un profesor universitario que juntos elaboran un plan de cómo ir transformando la escuela. El proceso de transformación debería ser uno donde se promueva la colaboración universidad-escuela. Conjuntamente con el proceso de desarrollo del proyecto de transformación de la escuela se lleva a cabo un seminario donde los equipos de trabajo reflexionan sobre el tipo de transformación escolar que desean.

El Seminario de Líderes podría convertirse en un modelo para el desarrollo del personal docente. Actualmente el Departamento de Educación a través del Centro de Desarrollo para el Personal, ofrece talleres a maestros, directores y superintendentes. Muchos de estos talleres presentan nuevas alternativas al personal para que éstos a su vez las pongan en práctica. Lo novedoso del seminario que estamos llevando a cabo es que dirige su esfuerzo a que los participantes mismos desarrollen y refinen las alternativas. Esto promueve una actitud activa de parte del personal tan importante en el desarrollo de líderes. El seminario también promueve el trabajo en equipo, otra de las características de un buen líder.

La experiencia del Seminario de Líderes ha sido muy positiva. Al igual que con las escuelas laboratorios vamos a documentar este proceso para que apoye el aprendizaje de otras personas.

La función de los proyectos especiales en el proceso de cambio educativo

El desarrollo de alternativas a las concepciones actuales sobre el proceso de enseñanza-aprendizaje, la organización administrativa del sistema educativo y las estrategias para el desarrollo de personal constituyen un primer paso en el proceso de cambio educativo que proponemos. Una vez se desarrollen estos proyectos especiales es necesario utilizarlos en un proceso de cambio más amplio. El no ver los proyectos especiales como parte de un proceso de cambio más amplio ha llevado a que se cuestione su función. Por ejemplo, la razón principal que ofreció el Dr. Ramón Mellado Parsons para desmantelar los programas especiales que había desarrollado el Dr. Ángel G. Quintero Alfaro era que consideraba elitistas y resultaban en un discrimen en el uso de los recursos. Así mismo, hay muchos que critican los proyectos especiales como eventos pasajeros que sólo se pueden mantener debido a los recursos adicionales que tienen. Una vez terminen los recursos el proyecto termina.

Estas críticas tienen una base real, por lo cual es necesario analizarlas. De hecho, el apoyo o rechazo de las mismas parte de la visión que se tenga sobre el cambio educativo. La crítica se justifica si se piensa que el cambio que se requiere es ofrecer más recursos a las escuelas para hacer en forma más eficiente lo que están haciendo. Si por otro lado se entiende que lo que requiere nuestra educación es un cambio de visión, los proyectos especiales son de gran importancia.

Esta posición era la de Quintero-Alfaro. En su libro *Educación y cambio social en Puerto Rico* éste plantea:

> No era tanto un problema de qué hacer, sino de cómo hacerlo. ¿Cómo dirigir el esfuerzo de manera que repercutiese y se multiplicase? Alrededor de esa pregunta fue surgiendo una estrategia. Una analogía es quizás la mejor manera de explicarla. Pensemos en un agricultor que concibe un jardín en medio de un terreno extenso y yermo, contando sólo con instrumentos rudimentarios. Todas las personas del lugar le desaniman, le indican que el terreno sólo produce malas yerbas, que no vale el esfuerzo. Había que ir buscando la buena semilla, sembrándola, protegiéndola, diseminándola. Demostrar en primer lugar que la siembra es posible. Luego en la medida que aumente la ayuda y otros se entusiasman, estimularlos a que también siembren. Ir además mejorando los instrumentos y las semillas. Así gradualmente el campo yermo sería sustituido por el jardín planeado.
>
> Esa era, también la estrategia sugerida por los estudios: establecer programas pilotos, ejemplares, que fueron luego extendiéndose. Era importante incorporar al proceso el formular y planear estos programas al mayor número de personas líderes: maestros, principales, superintendentes y supervisores; y también proteger y estimular la acción individual y de grupos que señalasen posibilidades de reforma. Se debía aprovechar al máximo las oportunidades dentro de un programa imaginativo y flexible. Así se desarrollaron las escuelas ejemplares, el programa de educación rural, la reforma de la escuela superior, que explicamos en el próximo capítulo. Estos tres programas, junto a la reforma de la enseñanza en los primeros grados, y el fortalecimiento de la función evaluativa fueron los principales pasos de avance durante los primeros años de la década. (Quintero-Alfaro, pp. 43-44)

Considero que hoy, como en aquel momento, necesitamos un cambio en visión sobre el proceso de enseñanza-aprendizaje. Como he planteado anteriormente cambiar concepciones requiere un proceso de cambio diferente. En ese proceso es importante el rol de los proyectos especiales.

Ahora bien, el desarrollo de los proyectos especiales se debe dar en diferentes etapas. Inicialmente es necesario desarrollar una escuela donde se den los cambios deseados rápidamente. Para esto es necesario crear situaciones que requieren recursos especiales. En nuestra experiencia la Escuela Antonio S. Pedreira jugó este papel. La misma recibió apoyo del Municipio de San Juan, de la Universidad de Puerto Rico y del CIIE. Se permitió entonces desarrollar un proceso de cambio relativamente rápido.

La escuela sirvió de "modelo" para ayudar a otras a ver el camino deseado. Así, por ejemplo, cuando iniciamos nuestro trabajo en las otras escuelas laboratorio, así como en la escuela innovadora, la experiencia de la Escuela Pedreira dio luz sobre el cambio de concepción que deseábamos.

Ahora bien, como la escuela Pedreira tenía más recursos de los que puede tener cualquier escuela, algunos dudaban sobre la posibilidad de llevar estos cambios a sus escuelas. Por esto es importante una segunda etapa donde se trabaje en escenarios reales y condiciones normales o típicas.

Una vez se generen varios modelos de la nueva escuela se puede entonces promover un proceso de intercambio y apoyo de manera que el personal de otras escuelas, así como de los sistemas de apoyo administrativo comiencen a cambiar su visión sobre la escuela.

Según hemos desarrollado escuelas laboratorio para explorar alternativas para el proceso de enseñanza-aprendizaje, sugerimos que se creen unos distritos laboratorios donde se exploren alternativas para el proceso administrativo y de apoyo. De esta forma presentamos nuevas concepciones sobre la supervisión, la organización y los procesos administrativos.

Ahora bien, para promover este proceso de cambio más amplio no es suficiente mostrar alternativas. Junto al apoyo que brindan estas alternativas en el proceso de cambio de concepciones es necesario desarrollar en el personal del sistema una actitud de investigación y reflexión continua que le permita ir analizando las limitaciones del modelo actual e investigar cómo puede ir desarrollando una alternativa que atienda las necesidades de su realidad. Como hemos planteado en los capítulos procedentes, la naturaleza abierta del proceso de enseñanza-aprendizaje no permite que el proceso de cambio educativo se limite a repetir un nuevo modelo en diferentes lugares. Hemos aprendido en el proceso de desarrollar alternativas que en cada escuela es necesario adaptar unos principios generales a la realidad de esa escuela.

Para esto, junto a los proyectos especiales, es necesario promover que el sistema se convierta en una comunidad de aprendizaje que continuamente aprenda de su práctica y utilice ese aprendizaje para mejorar su práctica.

Nos tenemos que preguntar entonces cómo conseguir que los maestros, directores y otro personal del sistema se involucren en un proceso continuo de reflexión sobre su tarea, articulación sobre la visión que interesan desarrollar e investigación sobre estrategias, actividades y programas para lograr esa visión. Nuestra experiencia en los grupos de reflexión y acción presenta un camino en esta dirección.

Grupos de reflexión y acción

El CIIE ha desarrollado varios grupos que reflexionan sobre su práctica con miras a mejorarla. En este proceso de reflexión participan tanto personal del sistema como profesores universitarios. Al igual que el sistema educativo, los programas de preparación de maestros requieren cambios profundos. El último capítulo, "Escuelas laboratorio: Implicaciones para la preparación de maestros", analiza los cambios que sugerimos para los programas de preparación de maestros.

Los seminarios que hemos desarrollado siguen, en general, el siguiente esquema:

Desarrollar estrategias para mejorar la práctica.

Reflexionar sobre su práctica.

Articular su visión sobre lo que interesarían se convirtiese su práctica.

Entender los elementos que limitan y aquellos que apoyan el desarrollo de esa visión (ver ejemplos de proyectos exitosos).

Los seminarios integran personal de diferentes niveles: maestros, directores, superintendentes. El ofrecer un espacio para la reflexión sobre su práctica, compartir ésta con personas con intereses germanos, tener la oportunidad de ver alternativas diferentes para realizar tareas comunes, o ángulos diferentes de ver esa tarea (por ejemplo, cómo ven una misma tarea el maestro, el director y el superintendente) es un proceso sumamente enriquecedor. Como planteamos anteriormente este intercambio entre educadores y administradores más que un cambio específico promueve una actitud crítica, de reflexión e investigación continua sobre su labor, con el propósito de mejorarla.

A continuación incluyo varias citas de participantes en el Seminario de Líderes que ejemplifican lo que planteamos.

> Mi experiencia antes de haber compartido en el Seminario con personas del Departamento de Educación a nivel de reuniones, talleres, etc., era de

individuos que sólo le importaba imponer sus ideas. En el Seminario ha sido un compartir, sin medir "posiciones" ni estudios. Hemos tenido conversaciones reales de nuestras situaciones escolares con el propósito de mejorarlas.

En el Seminario hemos tenido experiencias enriquecedoras, muchas de ellas nos han servido para aplicarlas en nuestros núcleos. Este "estilo" de Seminario debe darse en todos los niveles. Ya que por medio de las reflexiones podríamos llegar a unos entendimientos productivos y pensantes, con el propósito de mejorar en primer lugar la comunicación entre "todos los niveles" y esto traerá como consecuencia mejorar nuestra educación.

Tal vez como maestra pensaba que nuestras limitaciones dentro del salón de clases se debían a los que "estaban por encima de uno". Veo y compruebo que esto está más allá del director y el superintendente. Por momentos siento que ellos se sienten como me he sentido yo. Limitada por esa burocracia que incluso va también por encima de ellos.

El Seminario me ha ayudado también en mi área escolar. He utilizado con mis niños conversaciones, reflexión y análisis. Hemos podido, tal vez con criterios diferentes, llegar a unos puntos en acuerdo. Estos acuerdos han sido de mucho respeto aunque se difiera.

¡Este Seminario ha sido extraordinario!

Josefina Mora Mora
Escuela Abraham Lincoln

Además hay otro punto, y es que muchas veces, uno cree que las situaciones del plantel de uno son únicas y las más "horribles". Al compartir, uno se da cuenta de que no. Hay veces que otros están peor que uno. Otra cosa buena, es que como compañeros, algunos no presentaban posibles alternativas para tratar o ayudarnos a solucionar o aliviar una situación dada.

Angela Luisa Antonini, Directora
Escuela Abraham Lincoln
Distrito Escolar San Juan I

Entiendo que el Seminario tiene y tendrá un gran significado para mí. En primer lugar, ha sido un tiempo para reflexionar sobre los fines de la educación en Puerto Rico, los resultados obtenidos en nuestro ambiente inmediato. Significa análisis de situaciones a la vez que nos lleva de nuevo sobre nuestros estilos, alternativas encontradas, organización y posibles procesos de cada revisión de conceptos y procesos. Definitivamente la reflexión y el análisis nos llevan a reconceptualizar y a probar nuevas alternativas y a enriquecer lo realizado.

En resumen, nos ha llevado a pensar con seriedad sobre la labor realizada y la organización más adecuada con respecto a lo que se planifica. Por lo tanto, implica que, como resultado de estos procesos, se espera mejor y mayor organización y variedad de alternativas que contribuyan a mejorar la calidad y los resultados de nuestra tarea.

La participación de todos implica que en todo momento habrá intercambio de roles de liderato, desarrollo profesional y mayor espacio e intercambio de ideas y creación. Al haber participación e integración en el grupo inmaterialmente de los roles, la visión de tareas en pirámide se rompe totalmente. Se espera que la conciencia y responsabilidad con la labor que se realiza sean la base fundamental en cada acción.

María T. Pastrana González
Superintendente de Escuelas

Mi experiencia durante este seminario ha sido la que siempre había anhelado, ya que considero que al director se le deben ofrecer experiencias variadas más allá de citarlo para reuniones y las orientaciones donde recibe unas directrices o información para luego transmitirla. En este seminario las experiencias fueron variadas, enriquecedoras y se me ofrecían diversas oportunidades para aclarar las metas y objetivos que deben ser propios del proceso educativo; ampliar el campo de educación general del director; facilitar un proceso de educación continuada y redefinir la estructura administrativa del Sistema.

El significado que le otorgo a este seminario es que ha logrado desarrollar en mí un estilo de dirección innovador, porque siento que, cuando se me da la oportunidad de expresar mis inquietudes, insatisfacciones y limitaciones, así como mis experiencias, los demás participantes a favor o en desacuerdo con las mías me ayudan a realizar una serie de cambios, unos experimentos, unas innovaciones pedagógicas que contribuyen a transformar las experiencias de fracaso en experiencias de éxito.

Luz E. Borges, Directora
Escuela Luis Muñoz Rivera
San Lorenzo

De gran crecimiento profesional han sido las experiencias vividas. Las lecturas realizadas, las visitas a diferentes centros educativos, los recursos invitados, así como las experiencias de los demás compañeros han contribuido para ampliar el marco conceptual que antes tenía; a la vez que han sido esperanzadores ante las situaciones difíciles que cada día enfrento como educadora.

En lo que respecta al plano personal, el Seminario ha sido de gran contribución para modificar conductas. La cohesión del grupo, tanto entre los participantes representativos del sistema de educación pública y de éstos con los profesores universitarios me lleva a pensar que sí hay un interés genuino por unir esfuerzos en bien de nuestros estudiantes. La paciencia y el respeto con que permitieron que el grupo fuera dando paso a una reflexión más profunda, alejándose de lo trivial, es encomiable. El conseguirlo, entiendo, es uno de los logros más significativos. Aprender a escuchar y a convertirse en una persona, que más que atacar, se une a las preocupaciones de los demás ayudándolos a buscar soluciones es definitivamente uno de los aspectos que se ha superado.

Con relación a los otros participantes, tengo la impresión de que se ha dado un proceso de autoevaluación de los roles y funciones. Por los diálogos y las aportaciones pude observar que estos fueron cambiando. Muchos de los temas, al pasar los meses reflejaban nuevas preocupaciones. De aquel pesimismo de los primeros días se pasó al análisis de alternativas y a una posición de que sí se pueden realizar cosas para el cambio. Esto, obviamente es indicativo de que los participantes, por medio del Seminario han clasificado su rol y están en vías de salir de ese mutismo en que los ha sumergido el sistema. No hay duda que sí se han desarrollado líderes conscientes de las responsabilidades que tienen el aceptar la posición. Es imposible que después de este proceso no se tenga como meta el mejorar la escuela, conscientes de los obstáculos que eso conlleva. Se nos demostró que muchos lo han hecho.

Opino que el éxito del Seminario se dio, en gran medida, por el formato. El educador de la escuela pública, en ocasiones, siente que su experiencia no es valorada y que no lo consideran capaz de aportar, con sus conocimientos y con sus acciones. Confiar en sus competencias e involucrarlos en el desarrollo de proyectos es levantar su autoestima. De ahí que opino que en futuros seminarios la estrategia debe ser la misma. Ello incluye, las visitas realizadas a proyectos innovadores, la presentación de situaciones particulares de los núcleos escolares, los diálogos con recursos sobre temas específicos y de actualidad.

Edna Rosa Colón
Superintendente Auxiliar
Distrito Escolar Bayamón I

En resumen estos seminarios promueven varios elementos que son muy importantes en el cambio educativo saludable:

- formación de equipos,
- el examinar críticamente su práctica,
- creatividad en el desarrollo de alternativas,

- el atreverse a investigar estas alternativas en la práctica

Junto a los seminarios el CIIE ha desarrollado un programa de maestro como investigador. Al igual que los seminarios el programa del maestro como investigador interesa desarrollar una actitud crítica ante la práctica y un interés por investigar preguntas que surgen de este análisis.

Desarrollo de material informativo y del Centro de Información REDES

La renovación continua de nuestro sistema requiere de un personal con una actitud de investigación en la acción. Ahora bien, este personal necesita apoyo para mantenerse informado sobre los desarrollos más importantes en el campo educativo, tanto en el aspecto teórico como práctico. El Centro de Información REDES y los materiales informativos que desarrolla el CIIE tales como revistas, monografías y vídeos sobre los proyectos innovadores tienen esto como su objetivo principal. El Centro REDES está creando un índice bibliográfico donde la persona interesada puede conseguir información sobre todos los estudios que se han hecho en Puerto Rico sobre un tema educativo. A través de redes computadorizadas, a las cuales el Centro se integrará, se podrá también obtener información sobre investigaciones realizadas en otros países. Las monografías y otras publicaciones mantendrán al maestro informado sobre investigaciones e innovaciones educativas.

Este material informativo sería también muy útil para las reuniones y grupos de discusión.

Los cambios en concepciones sobre la educación no se pueden limitar al personal del sistema educativo, es necesario que la comunidad en general cambie sus perspectivas sobre lo que debe ser el proceso de enseñanza-aprendizaje. Para esto se crearán materiales sobre los proyectos innovadores que permitan que la comunidad en general vaya problematizando sobre sus concepciones, vea alternativas a las mismas y las ventajas de éstas sobre las concepciones pasadas.

Proceso de investigación

Junto a la investigación, que como parte de su tarea debe llevar a cabo todo el personal del sistema, es necesario crear grupos de trabajo que en forma más sistemática estudien los problemas y oportunidades que surgen en el proceso de promover una visión diferente sobre la escuela. El CIIE a través de su programa de apoyo a la investigación, ha estado identificando áreas de prioridad para la investigación pedagógica y apoyando grupos que trabajan en alguna de ellas. El aprendizaje que surja de estas investigaciones se integrará a las labores del CIIE y se dará a conocer a través de los medios de información.

Redes de apoyo e intercambio

La enseñanza requiere de un aprendizaje continuo. Parte de este aprendizaje se da a través de las redes de información. Ahora bien, el factor más importante al promover este aprendizaje es pertenecer a una comunidad de aprendizaje. Por esta razón, para mantener el sistema siempre al día es necesario crear redes de intercambio que apoyen en forma continua estas comunidades.

Nuestra experiencia en el CIIE nos muestra que la creación de grupos de discusión y reflexión permite el desarrollo de alianzas para promover ideas compartidas y resolver problemas comunes. En este proceso es necesario combatir el miedo a involucrarse en proyectos que reten las concepciones que en muchas ocasiones promueven las estructuras de poder del sistema. El sentirse acompañado y apoyado en la acción dirigida a la renovación ayuda a combatir el miedo, muchas veces bien fundado en experiencias anteriores. Es difícil que una persona sola se enfrente a estas estructuras de poder. El apoyo del grupo, ayuda en el proceso de cambio. El CIIE a través de sus actividades está fomentando la formación de estos grupos.

Los grupos de apoyo también promueven el aprendizaje sobre cómo se da la enseñanza una vez cambiemos de concepción. Nuestra experiencia nos demuestra que para que este aprendizaje sea efectivo deben darse los siguientes principios:

- El proceso de aprendizaje requiere un diálogo continuo con otros colegas. y personas interesadas en mejorar la educación.
- El proceso de aprendizaje requiere reflexión sobre la práctica.
- El proceso de aprendizaje requiere la exploración de alternativas.
- Los resultados de un cambio en la enseñanza no se dan de inmediato.

Conclusión

En este trabajo discutimos la naturaleza del cambio educativo. Como planteamos, éste es un proceso complejo que requiere entre otras cosas un cambio en concepciones que tenemos sobre la educación. En nuestra situación actual, es necesario revisar las concepciones sobre el proceso de enseñanza-aprendizaje, la organización administrativa y el desarrollo de personal. Entendemos que esa es la acción que el CIIE ha venido desarrollando. El CIIE es un ejemplo de un instrumento que podría haber trabajado en promover ese cambio de concepciones.

Ahora bien, los cambios en concepciones son procesos largos. Por ejemplo, Husén (1988) describe el proceso de reforma en Suecia, el cual tomó alrededor de 30 años. Estos cambios requieren estabilidad en las entidades que los promueven. Hemos visto la fragilidad de las entidades del gobierno ante un cambio de partido. Ante esta situación es necesario crear entidades educativas como el Fideicomiso de Conservación que mantienen una autonomía respecto a los partidos políticos y pueden dar continuidad a unos procesos de desarrollo de modelos y estándares de excelencia.

Junto a estos modelos es necesario crear un ambiente de exploración continua. *Uno de los errores que se cometen durante los procesos de cambio que corrientemente se generan en el sistema educativo es el considerar dichos procesos como un evento.* Así se piensa en "la solución" al problema, ya sea, por ejemplo, el pensamiento crítico o la escuela de la comunidad, y se dirige todo el esfuerzo a "adiestrar" el personal para esta solución.

Es necesario tomar conciencia de la naturaleza cambiante del ambiente educativo. Esto requiere que junto a estrategias y alternativas para la situación actual, se provea del *apoyo continuo* necesario para mantener estas estrategias siempre al día. Cómo crear un sistema de apoyo que mantenga al sistema continuamente reflexionando, explorando y renovándose, es uno de los grandes retos de la educación de hoy. El Centro de Investigaciones e Innovaciones Educativas, adscrito al Consejo General de Educación, pudo haber ofrecido ese apoyo. Los cambios políticos lo abortaron. Espero que en el futuro surja una nueva alternativa.

Referencia

Elmore, R. F. y Associates. 1991. *Restructuring Schools.* San Francisco: Jossey-Bass.

Goodland, J. I. 1994. *Education Renewal.* San Francisco: Jossey-Bass.

Husén, T. 1988. "The Swedish School Reforms: Trends and Issues". *International Journal of Educational Research,* 2.

McLaughlin, M. W. 1990. "The Rand Change Agent Study Revisited: Macro Perspectives and Micro Realities" en *Educational Researcher*, Vol.19,No.9.

Quintero-Alfaro, A. G. 1972. *Educación y Cambio Social en Puerto Rico.* San Juan: Editorial de la Universidad de Puerto Rico.

Quintero, A. H. 1989. "The University of Puerto Rico's Partnership Project with Schools: A Case Study for the Analysis of School Improvement" en *Harvard Educational Review,* 59.3: 347-61.

Sashkin, N. y Egermeir, J. 1991. "School Change Models and Processes: A Review of Research and Practice". *Working Draft,* U. S. Department of Education.

Capítulo VII

Escuelas Laboratorio: implicaciones para la preparación de maestros[1]

El Centro de Investigaciones e Innovaciones Educativas (CIIE), adscrito al Consejo General de Educación tenía como una de sus funciones principales buscar alternativas innovadoras a la forma actual de enseñanza.

Experiencias previas donde se han intentado cambios en algunos elementos de la práctica escolar revelan que todos los procesos educativos se encuentran enlazados en una compleja red de relaciones que interactúan y dependen unos de otros. Así, por ejemplo, el intento de cambiar la manera de ejecutar la enseñanza, de un proceso pasivo a uno activo, requiere cambios en la noción de disciplina, en la organización escolar, en el tiempo de que dispone el maestro para compartir con otros compañeros y para, entre otras cosas, emplearlo en el proceso de creación de nuevos materiales. La solución a los problemas de la escuela no se podrá dar en forma parcelada, pues es necesario trabajar con las múltiples variables que se interrelacionan en el proceso de enseñanza. Hay que analizar el proceso educativo desde una diversidad de puntos de vista que a su vez proporcione una visión integrada y estructurada de los procesos.

---

[1]Una versión de este ensayo se publicó en el volumen 29 de la Revista *Pedagogía* (1993).

Por ejemplo, en un proyecto experimental de matemáticas que desarrollé conjuntamente con la señora Virginia Pereira, maestra de la Escuela Intermedia Manuel Elzaburu, quedó dramatizada esta situación. Nos percatamos de que el grupo de estudiantes con quien trabajábamos necesitaba mucha atención individual. Ante la imposibilidad de conseguir mayores recursos, pensamos en los mismos alumnos como recurso pedagógico. Organizamos grupos pequeños, cada uno con un estudiante que tenía la responsabilidad de ayudar a sus compañeros. Originalmente, la maestra se sentía incómoda con el arreglo, pues se trastornaba la disciplina tradicional. Había varios estudiantes hablando a la vez, había movimiento, había actividad. Al analizar esta situación y compartir su reflexión conmigo, la maestra se fue percatando de que el nuevo ambiente del salón de clases, aunque no seguía la disciplina tradicional, promovía un escenario más propicio para el aprendizaje y favorecía otro tipo de disciplina, una más saludable, pues contenía un componente de autodisciplina mucho mayor. Cambiar de una estrategia de enseñanza basada en el sistema de conferencia, a otra de trabajo en grupo, requirió, tal y como hemos demostrado, cambiar la noción de disciplina que domina toda la cultura escolar actual. De no haberse reestructurado la enseñanza a partir de una nueva noción de disciplina, los nuevos enfoques se hubiesen transformado, paulatinamente en las viejas prácticas. Si la maestra hubiese optado por imponer la noción de disciplina tradicional, no importa que ya hubiese hecho cambios en la estrategia de enseñanza, la misma hubiese acabado convirtiéndose en un proceso similar a la práctica tradicional de la conferencia diaria. Tal y como ejemplifica la situación descrita, no basta con querer promover el intercambio de información y el diálogo fluido entre los estudiantes y el maestro, hay que hacer cambios reales en la estructura del salón, los estilos de trabajo y, con todo ello, las nociones que tenemos de lo que es disciplina, estudio o aprendizaje.

Por otro lado, ese intercambio con los estudiantes fue fructífero pues gracias al mismo nos dimos cuenta de que el currículo de matemáticas no tenía sentido para ellos. Si queríamos que fuese pertinente teníamos que cambiar el contenido y las prácticas curriculares. Podríamos continuar este análisis y ver cómo, entre otras cosas, si realmente queremos cambiar la experiencia educativa de estos estudiantes, necesitamos cambiar las múltiples variables que inciden en su formación académica. Para lograr este objetivo necesitamos desarrollar una nueva alternativa educativa que trabaje en forma integrada con todas las variables que afectan la enseñanza.

Con el fin de desarrollar estas alternativas el Centro de Investigaciones e Innovaciones Educativas desarrolló lo que llamamos “escuelas laboratorio”.

Éstas exploran modelos alternos de enseñar a partir de este enfoque que he descrito, intentando integrar las variables relacionadas con la enseñanza, horario escolar, desarrollo del maestro, currículo evaluación, entre otras. El proceso de integrar todas estas variables en una práctica diferente, a su vez, es uno de exploración e investigación continua. Se analiza continuamente qué elementos de la nueva práctica son efectivos, cuáles no funcionan, cuáles necesitan transformación. Estas preguntas a su vez nos llevan a explorar nuevas alternativas que a su vez se analizan sobre cómo mejorarlas. Estamos pues en un proceso continuo de investigación en la acción.

Este ensayo recoge las reflexiones en torno a esta experiencia de investigación en la acción dirigida a promover transformaciones en nuestra educación. En específico estudia cómo estas transformaciones no plantean que necesitamos implementar cambios en la forma como preparamos a los futuros maestros y administradores.[2]

La realidad escolar

Currículo

Es necesario desarrollar modelos de currículo donde la información y la discusión de problemas pertinentes al estudiante formen un conjunto integrado. Actualmente la visión de la educación como transmisión de información conlleva modelos de currículos que, en muchas ocasiones, traducen el contenido a unidades independientes y específicas. En el afán de traducir la enseñanza a objetivos medibles, se dejan a un lado las preguntas básicas de la humanidad para hacer énfasis en los datos verificables. Tenemos que revisar la división actual de la enseñanza en materias específicas. Quizás más que unas materias aisladas, debiéramos estudiar unos problemas, viendo en ellos las diferentes manifestaciones de las disciplinas, por ejemplo, cómo el estudio del desarrollo humano integra aspectos biológicos, sociales, psicológicos, y expresiones artísticas.

Esta revisión de la forma como organizamos el currículo debe ir unida a una revisión sobre el contenido. Debemos escoger un contenido que ayude al estudiante a entender tanto su desarrollo individual como social. A la par con

---

[2]En este capítulo analizamos la preparación de maestros, aunque estamos conscientes de que es necesario una revisión similar en la preparación de los administradores educativos.

esta revisión del contenido, tenemos que evaluar el proceso de desarrollo de currículo. Cuando se ve la enseñanza como transmisión de información, el cambio de currículo es preparado por expertos. Luego se "adiestra" al maestro para trabajar con el nuevo currículo. En otras palabras, cambiamos un currículo por otro, pero mantenemos la visión del maestro como un distribuidor de información. Una vez surja información diferente es necesario que los expertos revisen el currículo y se lleven a cabo nuevos adiestramientos para adaptar al maestro a la nueva información. Dado lo cambiante de la realidad, y lo heterogéneo de las situaciones con que se enfrenta el maestro, este enfoque está destinado al fracaso. El currículo siempre es anacrónico, ya que mientras los expertos lo desarrollan, producen e imprimen pasan varios años. Es necesario crear mecanismos más ágiles para mantener el currículo al día. De hecho, la concepción de que el currículo se diseña y luego se aplica debe cambiar. El desarrollo del currículo debe ser un proceso continuo. Se diseñan unas ideas iniciales, pero al llevarlas a la práctica es necesario ir revisando y creando nuevas situaciones a base de las necesidades e intereses de los estudiantes. El trabajo de Cruz, Currás, Padín, Quintero y Rodríguez (1990), el cual reflexiona sobre la experiencia del proyecto San Juan II, analiza esta situación.

Para mantener un currículo pertinente, hay que incorporar al maestro en el desarrollo y revisión de currículo, de manera que pueda adaptarlo a la situación de los estudiantes. Al incorporar a los maestros a este proceso, desarrollamos a la vez en ellos una postura crítica ante su práctica que ayudará a que tomen una postura semejante ante el conocimiento. Es difícil exigir que los maestros desarrollen una actitud crítica en los estudiantes si ellos no tienen ninguna voz para determinar las condiciones de su trabajo.

Incorporar maestros al desarrollo de currículo no es sencillo. Para comenzar, dado la dependencia en los textos como base del currículo, el maestro no está consciente de la complejidad del desarrollo del currículo. Su tarea más bien se limita a la planificación diaria; desconoce el proceso de toma de decisión y exploración que implica el desarrollo de currículo. Este conocimiento, entendemos, no se puede dar en un taller o en un adiestramiento. Sólo se puede dar en un proceso crítico ante la práctica. Para esto se necesita trabajar junto al maestro en un proceso de revisión sobre lo que enseña. De esta forma, a la par que desarrollamos un nuevo programa o una nueva estrategia de enseñanza, desarrollamos en el maestro una actitud crítica ante la enseñanza. Una vez se diseñe un nuevo programa y el mismo tenga lagunas o no sea apropiado para un grupo de estudiantes, el mismo maestro podrá cambiar y adaptar el currículo de acuerdo a su situación.

Proceso de enseñanza y aprendizaje

A la par que revisamos el currículo y cómo éste se desarrolla es necesario analizar cómo se enseña. Para que la enseñanza sea efectiva tiene que tomar en cuenta la forma como aprendemos. En el capítulo "Estrategias de enseñanza que promueven el aprendizaje con sentido", analizamos ya cómo debe ser la enseñanza para promover el aprendizaje. A continuación mencionamos los elementos que describen este tipo de enseñanza:

- La enseñanza debe ser activa.
- La enseñanza debe partir de las experiencias y concepciones del estudiante.
- La enseñanza debe promover que el estudiante exprese sus concepciones, correctas o erróneas, las compare con las de otros estudiantes, conozca las de los estudiosos de la materia que se está examinando, se convenza de las limitaciones de sus concepciones y las transforme. Para esto, es necesario hacer énfasis en el diálogo y las discusiones como elementos activos de la enseñanza.
- La enseñanza debe promover la colaboración y no la competencia.

Escuela y comunidad

Al concebir la enseñanza como un proceso de transmisión de información, la escuela se puede ver como una isla en la comunidad, ya que el énfasis de ésta se da en la enseñanza de las materias: español, inglés, ciencias, matemáticas o estudios sociales. La enseñanza de estas materias se puede dar igual en Ciales que en Río Piedras. Al cambiar el enfoque de la enseñanza a uno de diálogo y transformación humana, es necesario articular la educación informal que el joven adquiere en su comunidad con la educación formal que se adquiere en la escuela. La escuela no puede estar ajena de la realidad de la comunidad.

Organización escolar

El horario y la organización escolar deben, de acuerdo con los planteamientos que hemos hecho en este trabajo, ajustarse a los cambios en la enseñanza. Actualmente, el horario que se observa regula que todas las clases se ofrezcan una hora al día. El horario está basado en una visión de la enseñanza como algo estándar.

Si entendemos la necesidad de ofrecer más tiempo al maestro para reuniones y preparación profesional, si queremos ofrecer un currículo diferente, si entendemos el valor de permitir que cada estudiante aprenda a su propio ritmo, necesitamos desarrollar unos horarios y organizaciones escolares más flexibles.

Evaluación

Estos cambios en la enseñanza requieren también cambios en la forma de evaluar. Actualmente los exámenes dan énfasis mayormente a recordar información. Esto lleva a que muchos estudiantes no den importancia a otro tipo de tarea educativa y sólo estén pendientes de los datos. Al cambiar la enseñanza de una de transmisión de datos a una exploración e investigación de problemas, el tipo de instrumento que se utiliza para calibrar la experiencia de los estudiantes tiene que cambiar también. Gardner (1991) propone una serie de alternativas para calibrar al estudiante de acuerdo a sus estilos y nivel de aprendizaje. Cross y Angelo (1988) también proponen otro tipo de evaluación.

Condiciones de trabajo

Como hemos planteado, una nueva visión de la enseñanza requiere una participación más activa del maestro tanto en la interacción en el salón de clases como en el desarrollo del currículo. Para lograr una aportación efectiva del maestro en este proceso es necesario ofrecer unas condiciones de trabajo que apoyen esta participación. Es necesario dar más tiempo al maestro para preparación, producción de materiales y celebración de actividades. Es también importante promover el intercambio de ideas entre maestros que enseñan una misma materia, así como de éstos con profesores universitarios en áreas germanas.

Según sean las condiciones de trabajo del maestro éstas pueden limitar o, por el contrario promover su desarrollo como profesionales activos en el desempeño de su trabajo. Si exigimos a los maestros una labor similar a la de otros profesionales, tenemos que proveer las condiciones de trabajo necesarias.

Implicaciones para la preparación de maestros

Sugiero que se instauren cambios en la preparación de maestros, directores y personal administrativo, según la experiencia que ya tenemos probada y plasmada en las escuelas laboratorio. Aunque en este trabajo nos concentramos en el análisis del desarrollo del maestro, muchas de las sugerencias que ofrecemos aplican igualmente al otro personal.

La incorporación del maestro en el proceso de desarrollo de un currículo pertinente e integrado, requiere unas destrezas y conocimientos que la mayor parte de los programas de preparación de maestros no están ofreciendo.

Para desarrollar un currículo que esté en evolución continua y atienda los intereses y necesidades del estudiante, el maestro tiene que estar en una actitud de investigador que explore y evalúe los intereses y necesidades del estudiante y fundamentándose en éstos, vaya desarrollando o adaptando actividades para atender estos intereses y necesidades.

Más que un plan fijo para la clase, el maestro tiene que tener un esquema que irá transformando a base de la realidad. Tiene pues que estar atento a esa realidad con actitud inquisitiva y crítica. Debe también tener sensibilidad para atender la realidad social y personal del estudiante y tomarla en cuenta en su trabajo. Finalmente requiere tener imaginación y creatividad para transformar los intereses de los estudiantes en experiencias educativas. Ya que la realidad no se da parcelada en disciplinas, sino que en ella se integran aspectos que estudian diferentes disciplinas, el maestro tiene que poseer una educación general amplia y una actitud de búsqueda de aquello que no conoce.

La enseñanza, a su vez, requiere un proceso continuo de investigación sobre las concepciones y dificultades de los estudiantes. Es necesario guiar al grupo de estudiantes en un proceso de reflexión, individual y colectivo, sobre estas concepciones y partiendo de éstas construir modelos para explicar la realidad.

Finalmente, el maestro debe estar evaluando continuamente el desarrollo de sus estudiantes. Esta evaluación debe tomar en cuenta diferentes aspectos del desarrollo, así como los estilos y el nivel de aprendizaje de los estudiantes.

En fin, tenemos que preparar un maestro que pueda lidiar con el sistema abierto y complejo que es la enseñanza. Dado el grado de incertidumbre, sorpresas y contingencias que se generan en los ambientes abiertos, las personas que trabajan en estos ambientes tienen que tener una actitud flexible, atreverse a hacer decisiones en ambientes de incertidumbre, entender que en estas situaciones es muy fácil equivocarse, por lo que los errores no deben verse como un fracaso del cual avergonzarse, sino una situación de la cual es necesario aprender. En otras palabras, tener una actitud de investigación ante la acción.

¿Qué cambios deben darse en la preparación de maestros para desarrollar este tipo de maestro? Es importante señalar que el futuro maestro toma la mayor parte de los cursos fuera de la Facultad o fuera del Departamento de

Educación. Por tanto, un cambio en su preparación no se puede limitar a cambios en los cursos de educación. Es necesario un cambio en el programa en su totalidad.

La Educación General

Muchas veces se ha pensado que la educación general ofrece al estudiante el conocimiento global que debe poseer. Sin embargo, como apunta Miller (1988), esta noción ha cambiado y al referirnos a la educación general mas bien pensamos en la educación que prepara a un estudiante en particular a trabajar en asuntos generales. En otras palabras, la educación general provee el contexto para los estudios especializados, lo cual requiere dos etapas. La primera etapa trabaja con las necesidades amplias del estudiante en la sociedad. La segunda provee el contexto en el cual el individuo puede funcionar mejor en su comunidad profesional.

Esta visión requiere evaluar la estructura actual de la educación general. Para comenzar debemos preguntarnos si la misma debe limitarse a los primeros dos años del bachillerato. Considero que esto debe cambiar. Al definir los objetivos de la educación general como planteamos en el párrafo anterior, es necesario una interacción mayor con la preparación profesional. Esto requiere que tanto los cursos profesionales como los de educación general se distribuyan a través de los cuatro años de estudio.

El contenido de los cursos también requiere revisión. La educación universitaria es parte de un proceso de educación por vida. No podemos pretender cubrir en unos cursos de educación general toda la preparación necesaria para ser un ciudadano responsable, con la sensibilidad de disfrutar los encantos de la naturaleza, así como de las creaciones humanas y el compromiso de trabajar por resolver los problemas de la humanidad. La educación general debe apoyar, ampliar y promover el desarrollo por vida del proceso del joven de entenderse a sí mismo como un ser social con una relación con su comunidad. Para esto es necesario relacionarse con las categorías básicas de la existencia; pasado, contexto actual, relaciones y posibilidades futuras. Esto implica conocimiento de las humanidades y de las ciencias naturales y sociales. Ahora bien, el enfoque de la educación general no es el de estudiar estas materias como disciplinas sino cómo éstas pueden ayudar al estudiante a entenderse mejor a sí, a su mundo y la sociedad en la que vive.

Cómo lograr un currículo que responda a estas metas es materia de estudio y exploración. Como ya he planteado anteriormente, considero que esto debe lograrse en dos etapas: La primera debe discutir las necesidades amplias del estudiante en la sociedad:

- El desarrollo del ser humano: biológico, socio-cultural e histórico.
- El ser humano y su medio ambiente: natural, ecológico y social.

Estos temas deben discutirse desde una perspectiva integral y no dividida por disciplinas. Esto iría preparando al futuro maestro a tratar luego estos temas en forma integrada en su salón de clases.

La segunda etapa sería la de ofrecer un contexto a los estudios profesionales del estudiante. Esto dependería del área de estudio del joven. Una vez discuta el componente profesional retomaré este tema.

Especialización académica

Los estudios recientes en la psicología cognoscitiva nos llevan a revisar nociones muy generalizadas en la enseñanza universitaria. Las estrategias de enseñanza a nivel universitario no deben ser muy diferentes a las de escuela elemental y superior. En ambos casos es necesario que el estudiante participe en un proceso activo de exploración y reflexión sobre su conocimiento. Un proceso que integre el relacionar datos, organizar información, inferir, resolver problemas, que dé sentido a los conceptos.

Una vez los cursos universitarios tomen este enfoque, servirían de ejemplo al futuro maestro sobre cómo enseñar su materia de especialización. Integrarán también los métodos de inquisición y búsqueda que promueve la educación general. Como bien dice el refrán chino: "un ejemplo vale por mil palabras". Así desde las disciplinas estaríamos apoyando el desarrollo del futuro maestro.

Algunas personas plantean que el conocimiento del contenido es suficiente para ser un buen maestro. Si esto fuera así las universidades que reunen a las personas que mejor conocen el contenido serían ejemplo de la buena enseñanza. Sabemos por propia experiencia que esto no es el caso. Junto al contenido es necesario una reflexión sobre la enseñanza. Esta tarea debe recaer en el componente profesional de la preparación de maestros.

Componente profesional

El componente profesional de las escuelas de educación está dedicado a desarrollar las destrezas y conocimientos relacionados con la futura profesión del estudiante. En este trabajo discutimos principalmente el área de este componente que atiende a los futuros maestros.

El componente profesional se subdivide en varias áreas: fundamentos de la educación, sociales, históricos, legales y filosóficos; crecimiento y desarrollo humano; evaluación de aprendizaje; metodologías, currículo y organización de la enseñanza; y enseñanza práctica.

En su mayoría los cursos en estas áreas están dedicados a preparar al maestro para el formato actual de enseñanza. Hacer un cambio en el formato de enseñanza impone cambiar la preparación de los maestros, de manera que prepare personas para estos nuevos escenarios escolares. Como planteamos anteriormente, esto requiere una persona con una amplia educación más que un técnico en estrategias de enseñanza.

En las secciones anteriores hemos analizado los cambios que deben hacerse al componente de educación general y a la especialización académica. Estos cambios no sólo afectan al futuro maestro sino a todo estudiante universitario. Ahora bien, el cambio tiene unos efectos en los componentes profesionales de la preparación de maestros.

Para comenzar, planteamos que el componente de educación general debía de darse en dos etapas. La primera concernía al desarrollo del estudiante como ente social. La segunda de estas etapas debe darse en el contexto de la preparación profesional. Estos cursos pueden entonces combinarse con los cursos de fundamentos de la educación, sociales, históricos, legales y filosóficos de manera que formen un todo integrado. Ahora bien, habría que reevaluar el contenido de estos cursos para que reflejasen una visión de la educación como un proceso de transformación humana en lugar de un proceso de transferencia de información. Por ejemplo, el curso de fundamentos psicológicos debe ofrecer al futuro maestro lo que se conoce sobre cómo el niño aprende. Partiendo de este conocimiento promover una reflexión sobre cómo debe ser la enseñanza para que esté en sintonía con lo que sabemos sobre cómo se aprende. Sería pues beneficioso que el futuro maestro pudiera combinar estos cursos con experiencias prácticas. Así lo que aprende sobre las teorías del desarrollo humano toma sentido al utilizarlo en la práctica.

En la discusión de la especialización académica analizamos cómo la enseñanza del contenido debe ser un ejemplo de cómo enseñar. En este sentido los cursos de metodología podrían coordinarse con los de contenido, de manera que sean una reflexión sobre técnicas que se ven en vivo.[3]

---

[3]Por ejemplo, el Seminario Conjunto de las Facultades de Educación y Ciencias Naturales de la Universidad de Puerto Rico ha estado explorando en esta dirección. El seminario reúne profesores en el área de matemática de las dos facultades. Estos han desarrollado conjuntamente una nueva versión de un curso (MATE 4060), el cual a la par que enseña el contenido reflexiona sobre la forma de enseñar el mismo.

Metodología de la enseñanza

Aunque es importante familiarizar al futuro maestro con una variedad de técnicas de enseñanza, dado que el salón de clases se da en un ambiente abierto, es aún más esencial crear una actitud de búsqueda que le permita explorar alternativas diferentes en situaciones diferentes.

Para esto, es importante presentarle desde temprano en su preparación experiencias prácticas variadas que le permitan desarrollar la flexibilidad necesaria para trabajar en el futuro con diferentes situaciones. Además, en lo posible, profundizar en estas experiencias prácticas sobre estilos de aprender y enseñar.

En este aspecto consideramos básico concientizar al futuro maestro de la diversidad de estudiantes a los que podrá enseñar, tanto en el aspecto de diferencias individuales como sociales. Debemos mostrarles que aún teniendo una meta común de ayudar a formar un ciudadano educado el camino para llegar a este fin puede variar de acuerdo con los intereses y habilidades de los estudiantes.

Es necesario crear modelos de programas que atiendan y respeten la diversidad de nuestros estudiantes. Además de ofrecer unas experiencias diversas a los futuros maestros, estos programas debían servir de modelos a cambios curriculares.

Teoría y práctica

El enfoque que proponemos reclama una relación mayor de la teoría y la práctica. En el reciente informe del Departamento de Educación de los Estados Unidos, *Assessment in American Higher Education*, los profesores Elman y Lynton plantean que la "práctica" de las profesiones debe cambiar su enfoque. En lugar de ser una práctica de los conocimientos adquiridos, estas experiencias deben convertirse en un instrumento de aprendizaje en sí mismas.

De hecho, dado que el sistema educativo es abierto, éste es el único enfoque que tiene sentido. Dar todo el conocimiento los primeros tres años de estudio para que al cuarto año el estudiante lo ponga en práctica presume que podemos planificar de antemano el intercambio en el salón de clases. Es necesario cambiar esta noción.

La pedagogía se constituye alrededor de un quehacer práctico. Por lo tanto, todos los cursos de pedagogía deben estar estrechamente ligados a la práctica educativa. En todos ellos debe haber un componente de práctica que permita al futuro maestro reflexionar sobre los principios que se discuten en las clases. De esta forma el estudiante, desde el inicio de su carrera, estaría ligado a la experiencia del salón de clases. La experiencia clínica y de campo a través del programa de preparación de maestros ofrecía oportunidades para aplicar y evaluar las teorías que se enseñen. Estas experiencias se ofrecerían en secuencia y concurrentemente al currículo.

Esta práctica no puede ser meramente un apéndice de los cursos. Tiene que existir una integración real. Así el aprendizaje debe estar relacionado con la práctica. La práctica, a su vez, debe permitir la reflexión e integración de los principios que se discuten en el curso.

Para que esta interrelación entre teoría y práctica se facilite es necesario el acercamiento entre las universidades y la escuela. En las universidades es necesario una interacción entre el nivel graduado y subgraduado. Consideramos que la división de la facultad en nivel graduado y subgraduado no es beneficiosa. El profesor debe moverse entre estos niveles y las escuelas laboratorio. De hecho, todo profesor de educación debería tener como parte de su carga académica algún proyecto en las escuelas. Por ejemplo, si el profesor enseña métodos sobre la enseñanza en las matemáticas en el nivel elemental, debería participar en algún proyecto con niños de escuela elemental donde pueda poner en práctica lo que predica. En este proceso se dará cuenta de que llevar la teoría a la práctica no es una tarea automática. Requiere investigación, reflexión y ajustes en la teoría. El participar en este proceso sería una gran experiencia tanto para el profesor como para sus estudiantes.

En esta interacción entre teoría y práctica es importante que los contextos en que se dé la práctica reflejen diferencias. Así, tanto el profesor como el estudiante tomarán conciencia de la necesidad de desarrollar estrategias variadas para atender las diferencias individuales, así como las sociales y culturales.

En fin, todas las áreas del currículo deben promover una actitud de búsqueda y descubrimiento. Ofrecer un conocimiento al estudiante es esencial, pero junto a este conocimiento debemos desarrollar una actitud crítica y de investigación que permita al estudiante desarrollar y revisar este conocimiento a base de nuevas circunstancias. Ver al maestro como investigador es una idea que debe moldear todos los cursos. Al decir investigador, no nos referimos al científico que estudia un área siguiendo unos métodos específicos, sino más bien a la persona que está constantemente en búsqueda y exploración de nuevas alternativas para mejorar la enseñanza. Para lograr este fin es necesario una relación estrecha entre la teoría y la práctica.

Educación por vida

En este libro hemos recalcado que el maestro tiene que estar continuamente aprendiendo. En este sentido, la preparación universitaria debe ser un proceso que inicie al joven en ese aprendizaje. Hemos visto que este proceso requiere una integración mayor entre los componentes del bachillerato. Considero que una forma de ir logrando esta integración es fomentar la labor conjunta de profesores de las facultades o departamentos que están a cargo de estos diferentes componentes. Por ejemplo, un comité conjunto de la facultad o división de educación general y la facultad o división de educación desarrollarían la etapa de preparación profesional del componente de educación general. Esta interrelación permitiría que varios requisitos se cumplieran con un mismo curso, liberando así cursos para otras áreas que también son necesarias.

A la par que se da esta mayor integración entre los componentes del bachillerato es necesario desarrollar un componente de educación continuada que permita al maestro enriquecer el aprendizaje que se obtiene en la práctica. Sugiero el desarrollo de centros de currículo que estén revisando continuamente el currículo. Estos centros podrían ser la sede de esta educación continuada. Estos centros deben ser un proyecto conjunto de las universidades, el Centro de Investigaciones e Innovaciones Educativas y el sistema de educación pública.

Conclusión

En este trabajo hemos analizado cómo deben ser los programas de preparación de maestros para promover una enseñanza activa.

Podríamos resumir el cambio que proponemos en la preparación de maestros de desarrollar gerentes del salón de clases a desarrollar líderes. A diferencia de los primeros, cuya función principal es llevar el producto de los expertos (el currículo) en forma eficiente a los usuarios (los estudiantes), el segundo reconoce que la labor escolar no se limita a una transferencia de conocimiento sino que implica una comunidad de apoyo que ayuda a preparar a un joven para participar en los procesos de su sociedad en forma productiva, solidaria y crítica.

Esta tarea, más que unas técnicas de enseñanza o de administración, requiere personas con liderato para desarrollar una variedad de alternativas en un ambiente de confianza, apoyo, seguridad y altas expectativas que permite al joven desarrollar sus intereses y talentos, y su sentido de valor propio. Esto a su vez facilita el que el joven se acerque a su sociedad en forma constructiva.

Es muy fácil proponer cambios, pero muy difícil llevarlos a la práctica. Como planteamos anteriormente, existe una estrecha relación entre la práctica escolar y la forma como se preparan los maestros. Es necesario ir promoviendo cambios en ambas. Ahora bien, cambiar todo el sistema educativo o todos los programas de preparación de maestros a la par me parece tarea imposible. La forma como el CIIE propone un proceso de cambio es la de promover un proceso de acción y reflexión. Iniciaremos unos programas laboratorios en las escuelas y sugiero, que a la par, se inicien unos programas experimentales en la preparación de maestros y que estos dos programas, además, se interrelacionen. Así el desarrollo de las escuelas laboratorio podría ser tema de discusión para los programas laboratorio de preparación de maestros y éstos practicarían y reflexionarían sobre los cambios que se van dando en las escuelas laboratorio.

Estas escuelas y programas experimentales de preparación de maestros, a su vez, servirían de base para una reflexión con diferentes grupos: maestros, directores, superintendentes, supervisores, personal de la oficina central, y profesores universitarios, entre otros. La reflexión se daría en torno a cómo su práctica debe variar para apoyar este tipo de programa. En este proceso de reflexión podemos identificar líderes que podrán dirigir la reconceptualización de su tarea. Este proceso iría poco a poco cambiando todo el andamiaje educativo y ofrecería a las escuelas y programas de preparación de maestros el espacio para cambiar.

Referencias

Cross, P. y Angelo, T. A. 1988. *Classroom Assessment Techniques: A Handbook for Faculty.* Ann Arbor: National Center for Research to Improve Postsecondary Teaching and Learning.

Cruz, J., Currás, M. C., Padín, W., Quintero, I. y Rodríguez, C. 1990. "Hacia la reforma educativa: Análisis de un proyecto de investigación en el Distrito de San Juan II" en *Cuadernos de Investigación en la Educación,* Número 2, octubre de 1990, Universidad de Puerto Rico.

Darling-Hammond, L. 1992. "Perestroika and Professionalism: The Case for Restructuring Teacher Preparation" en McClure, R. (Ed). *Excellence in Education.* Washington, DC: National Education Association.

Futrell, M. H. 1986. "Restructuring Teaching: A Call for Research" en *Educational Researcher,* 15.10: 5-8.

Gardner, H. 1991. *The Unschooled Mind: How children think and how schools should teach,* New York: Basic Books.

Giroux, H. A. y McLaren, P. 1986. "Teacher Education and the Politics of Engagement: The Case for Democratic Schooling" en *Harvard Educational Review*, 56.3: 157-82.

Goodlad, J. I. 1994. *Educational Renewal: Better Teachers, Better Schools.* San Francisco: Jossey-Bass.

Joyce, B. y Clift, R. 1984. "The Phoenix Agenda: Essential Reform in Teacher Education" en *Educational Researcher,* 13.4: 5-17.

Joyce, B., Showers, B. y Rolheiser-Bennett, C. 1987. "Staff Development and Student Learning: A Synthesis of Research on Models of Teaching. *Educational Leadership,* 45.2: 11-23.

Miller, G. E. 1988. *The Meaning of General Education.* New York: The Teachers College Press.

Quintero, A. H., Rivera-Viera, D., Torres-Guzmán, M., Mercado, C. 1994. "Teaching and Learning in Puerto Rican/Latino Collaboratives: Implications for Teacher Education" en Hollins, E. R. King, J. E. y Hayman, W. C. *Teaching Diverse Populations.* New York: State University of New York Press.

Schön, D. A. 1991. *Educating the Reflective Practitioner.* San Francisco: Jossey-Bass.

Shulman, L. S. 1989. "Teaching Alone, Learning Together: Needed Agendas for the New Reforms" en Sergiovanni, T. J. y Moore,J.H. (Ed). *Schooling for Tomorrow.* Boston: Allyn and Bacon.

_____. 1986. "Those who Understand: Knowledge Growth in Teaching" en *Educational Researcher.* 15.2: 4-13.

ANEJO

Guías para el currículo

Nivel elemental

La enseñanza debe articularse con los intereses, necesidades y realidades del estudiante. En este sentido, ésta variará en diferentes contextos. Ahora bien, existen unos conocimientos, destrezas y actitudes que interesamos desarrollar en todos los estudiantes. Este documento presenta el cúmulo común que debe guiar el desarrollo de la enseñanza.

Al elaborar estas guías nos vimos tentados a seccionarlas según las disciplinas tradicionales. Si reflexionamos sobre nuestra experiencia observamos que el único lugar en que el conocimiento se divide en compartimientos bien definidos es en la escuela. En nuestra vida integramos continuamente nuestro conocimiento. Al resolver un problema consideramos aspectos científicos, sociales y de valores en forma integrada. Hoy sabemos que el mundo es complejo, aún en sus aspectos físicos, por lo cual es artificial tratar de explicarlo en forma parcelada.

Durante los primeros años escolares, en los que el niño está en una búsqueda por entender su medio ambiente, debemos ofrecerle el conocimiento, las destrezas y las actitudes que le ayuden a contestar sus preguntas. El estudio de los saberes en disciplinas debe darse como parte de su comprensión del mundo, pero no debe guiar ésta. Así el estudio de las disciplinas surgirá como parte natural del estudio del mundo, pero no debe ser el primer encuentro del niño con el conocimiento.

Estas guías son una organización –no en disciplinas– del conocimiento, destrezas y actitudes que consideramos todo estudiante debe poseer al terminar la escuela elemental. Presentan un marco para un proceso integrado de enseñanza y aprendizaje. Se basan en un documento que preparó una comisión del estado de Maine (Maine's Common Core of Learning).

Áreas de enseñanza

I. Promover el desarrollo saludable de la persona, de la sociedad, del ambiente y de las relaciones entre sociedades.

A. *Desarrollo personal*

1. Actitudes
   a. Aceptar responsabilidad por sus decisiones y acciones.
   b. Tener autoestima y estar dispuesto a equivocarse para poder aprender.
   c. Concentrar y perseverar en una tarea.
   d. Demostrar honestidad y estar dispuesto a aceptar retos con integridad y esfuerzo.
   e. Desarrollar una actitud emprendedora.
   f. Cultivar la sensibilidad y fomentar la habilidad creadora.

2. Conocimientos
   a. Conocer los conceptos básicos del desarrollo y cuidado del cuerpo.
   b. Entender y practicar las medidas para un desarrollo saludable, tales como una buena nutrición, ejercicios y actividad física, seguridad y primera ayuda, evitar el consumo de alcohol, cigarrillos y drogas.
   c. Conocer dónde buscar ayuda en caso de enfermedad.
   d. Entender el arte tanto como un proceso de desarrollo y expresión personal, así como un proceso de crear un producto artístico.
   e. Entender el trabajo tanto como una forma de obtener retribución económica, así como una fuente importante de desarrollo y satisfacción personal.
   f. Conocer sobre diferentes tipos de trabajo y tener una idea sobre la estructura y el funcionamiento del mercado de trabajo.

3. Destrezas
   a. Para aprender en forma autónoma y en forma cooperativa.
   b. Para adaptarse rápidamente a nuevas situaciones y reaccionar a nueva información.
   c. Para expresar sus necesidades.
   d. Para tomar decisiones personalmente y en grupo. La segunda requiere trabajar en grupo, oír, compartir opiniones, negociar, hacer compromisos y ayudar al grupo a llegar a un consenso.
   e. Para comunicarse.
   f. Para desarrollar y sostener relaciones saludables.
   g. Para lidiar con la presión del grupo y de los mensajes en los medios de comunicación que promueven un comportamiento negativo.
   h. Para participar diariamente en actividades físicas que le ayuden a mantenerse en buena condición.
   i. Para disfrutar el tiempo libre.

B. *Colaborar en el desarrollo saludable de la sociedad y el ambiente*

1. Actitudes
   a. Respetar los derechos humanos.
   b. Desarrollar empatía hacia su prójimo, tanto cercano como de otras tierras.
   c. Respetar el valor de toda forma de vida, su papel como parte de un ecosistema y la necesidad de proteger el ambiente.
   d. Respetar, apreciar y enriquecer su cultura.

2. Conocimientos
   a. Entender la dimensión ética de la ciudadanía, el amor, la amistad y el ser padre o madre.
   b. Entender nuestra interdependencia con el ambiente.
   c. Desarrollar conocimientos que promuevan el que seamos consumidores responsables.
   d. Entender el arte como un proceso que ayuda a desarrollar empatía y un sentido de comunidad.
   e. Entender en términos generales el desarrollo de la tecnología y cómo ésta afecta a la persona, la cultura y el ambiente.

f. Poder trabajar con la calculadora de mano, la computadora y otros instrumentos como herramientas en el aprendizaje.
g. Entender el sentido de la matemática y desarrollar confianza en su habilidad para utilizarla.
h. Entender principios básicos del comportamiento individual y de grupo, la organización social y el proceso de cambio social.
i. Conocer datos básicos sobre geografía, economía, historia, cultura y organización política de Puerto Rico.
j. Conocer datos básicos sobre geografía, economía, historia, cultura, y organización política de los Estados Unidos y entender la relación de este país con Puerto Rico.
k. Conocer la tradición y la cultura de su país.

3. Destrezas
   a. Para trabajar en forma constructiva con sus semejantes.
   b. Para analizar críticamente los cánones sociales y culturales, aceptarlos o ayudar a cambiarlos según sea el caso.

C. *Promover las relaciones saludables entre sociedades*

1. Actitudes
   Respetar las diferencias que presentan las culturas y sociedades.

2. Conocimiento
   a. Conocer datos básicos sobre geografía, cultura e historia de sistemas económicos y políticos de diferentes países del mundo.
   b. Entender cómo estos factores se entrelazan en el desarrollo de los países.
   c. Analizar diferencias y parecidos entre estos países y Puerto Rico.

II. Comunicación

Al terminar la escuela elemental el estudiante:

1. Podrá comunicarse con claridad oralmente, por escrito y a través de gráficas.
   a. Poseerá dominio del español oral.

b. Podrá escribir con claridad un ensayo coherente.
c. Conocerá cómo utilizar libros de referencia para buscar las reglas de escribir o el significado de las palabras.
d. Podrá resumir por escrito el pensamiento de otros.
e. Podrá reflexionar sobre su propio lenguaje evaluando el nivel de lenguaje que debe utilizar en diferentes situaciones (formal o coloquial).
f. Entender el papel que juegan los símbolos en la expresión humana.

2. Se habrá iniciado en el conocimiento de cómo utilizar medios de adquirir información tales como las bibliotecas, computadoras y otros medios tecnológicos.
3. Podrá mantener una conversación sencilla en inglés, así como leer textos sencillos y escribir oraciones simples en este idioma.
4. Podrá entender y usar el lenguaje de la matemática para expresar conceptos aritméticos, geométricos e ideas básicas de estadística.
5. Poseerá suficiente vocabulario y conocimiento científico para ser un consumidor responsable y entender información científica.
6. Podrá expresar sus ideas y emociones a través de alguna de las expresiones artísticas.

III. Razonamiento y resolución de problemas

Junto a la enseñanza de conocimiento debemos promover el amor por aprender, desarrollar formas de conseguir información y nuevo conocimiento, reflexionar sobre éste y utilizarlo para resolver problemas o crear nuevas alternativas ante una situación.

Al terminar la escuela elemental el estudiante:

1. Habrá desarrollado una actitud que promueva su aprendizaje por vida, su curiosidad y apertura a nuevas ideas, creatividad, integridad e imaginación.
2. Habrá desarrollado destrezas de pensamiento lógico y resolución de problemas a través de experiencias en:
   a. observación cuidadosa,
   b. definición de un problema,
   c. planteamiento de preguntas,
   e. diseño de experimentos o estudios para contestar esas preguntas,

e. buscar y seleccionar información pertinente a un problema o pregunta,
f. analizar datos (comparar, contrastar, buscar patrones, deducir de unas premisas, hacer y analizar tablas y gráficas),
g. desarrollar y considerar explicaciones alternas para un problema o situación,
h. justificar el uso de una estrategia o de una conclusión,
i. aplicar estrategias a nuevas situaciones.

3. Habrá desarrollado destrezas para buscar información y herramientas que le ayuden en la resolución de problemas, investigación de contenido y razonamiento sobre algún tema.
4. Podrá hacer conexiones entre diferentes áreas de estudio.
5. Utilizará el lenguaje como un instrumento para entenderse a sí mismo, así como a otros, darle sentido al mundo, y reflexionar sobre su vida (contar y oír historias; leer cuentos, poesías y biografías; y llevar diarios).
6. Podrá utilizar el lenguaje para:
   a. con su conocimiento previo entender un nuevo texto, oral o escrito;
   b. saber cuando no entiende una expresión oral y escrita y poseer las estrategias para clarificar su pensamiento preguntando, releyendo, o escribiendo para organizar su pensamiento;
   c interpretar lo que lee, oye o mira y analizarlo críticamente haciendo preguntas, conexiones y evaluaciones;
   d hacer conexiones entre lo que lee en un mismo texto o diferentes textos;
   e. apreciar la literatura.
7. Entender que el escribir es un proceso que requiere planificación, hacer borradores, recibir críticas y sugerencias, revisar y editar.
8. Puede darle sentido a la información numérica:
   a. Hacer estimados tanto en la resolución de problemas como para verificar los resultados.
   b. Entender las operaciones entre los números enteros, fracciones y decimales.
9. Saber en qué situaciones es más apropiado hacer cómputos manuales, con calculadora o hacer cálculos y aproximaciones mentales.
10. Entender y poder aplicar a diferentes situaciones el concepto de razón, proporción y por ciento.

11. Entender intuitivamente conceptos de estadística y probabilidad y poder interpretar información donde ésta se utilice.

IV. La historia de la humanidad

El estudio de la historia no debe limitarse a describir una sucesión de hechos y eventos del pasado sino que debe incluir el estudio de las creaciones del hombre, tanto en las artes, como en el pensamiento, en las teorías sociales y científicas, en los conceptos de gobierno y en la economía. De hecho, mucho de lo que enseñamos hoy en las diferentes disciplinas se enseñaría en esta área. En la escuela elemental se iniciarían los estudiantes en el estudio de estos temas en forma intuitiva. Esta enseñanza daría la base para estudiar en forma más profunda y sistemática estos temas en la escuela intermedia y superior.

Al terminar la escuela elemental el estudiante debe poder:

1. leer con una variedad de propósitos diversos tipos de materiales incluyendo poemas, cuentos, dramas y ensayos;
2. entender cómo se organizan las bibliotecas y cómo puede buscar información u otro tipo de lecturas en éstas;
3. entenderse como parte de una especie, cómo diferimos de otras especies, cuál es el ciclo de la vida humana y cómo funcionamos biológicamente;
4. entender que las teorías científicas son creación del ser humano y pueden cambiar a base de nuevos conocimientos e interpretaciones;
5. entender en forma intuitiva la estructura de la materia, la existencia de las fuerzas básicas de la naturaleza, el comportamiento de los diferentes estados de la materia y los cambios que sufren diferentes tipos de materia;
6. reconocer las diferentes fuerzas que han llevado al desarrollo de la tierra, así como del universo y entender que tanto el caos como el orden están presentes en este desarrollo;
7. entender en forma intuitiva las relaciones ecológicas, los principios de genética y evolución de nuestro ambiente vivo, así como el papel de la teoría celular en la estructura y funcionamiento de las plantas y animales;
8. entender en forma intuitiva los conceptos básicos de la historia, ciencias políticas, economía, sociología y psicología;

9. entender y poder aplicar temas fundamentales en geografía; localización y relaciones entre lugares y regiones, e interdependencia global;
10. conocer en forma intuitiva el desarrollo histórico de Puerto Rico;
11. entender los principios democráticos que rigen nuestra constitución.

Integración de las diferentes disciplinas y áreas de estudio en el desarrollo de este currículo

I. Tecnología y educación vocacional

Para trabajar productivamente debemos entender cómo funciona el mundo del trabajo, cómo interaccionan las personas y los procesos de producción, así como la forma en que estos procesos interactúan con nuestra sociedad.

El mundo del trabajo cambia a un ritmo acelerado. Muchas personas cambiarán de trabajo varias veces en su vida. Para poder bregar con esta serie de cambios la persona necesita destrezas que le permitan desarrollarse en diferentes áreas.

El componente de tecnología y educación vocacional se desarrollaré mayormente en escuela intermedia y superior. Ahora bien, desde los grados primarios se presentarán actividades que ayuden al estudiante a ir definiendo sus intereses vocacionales así como desarrollar destrezas que le ayuden a adaptarse a una variedad de situaciones.

A. Promover el desarrollo saludable de la persona, de la sociedad, del ambiente y de las relaciones entre sociedades

1. Promover que el estudiante descubra sus intereses, habilidades, destrezas y valores y vea la relación de éstos con diferentes tipos de trabajo
2. Poseer un conocimiento básico del mundo de trabajo (profesiones, empleos)

B. Comunicación

Utilizar el lenguaje, oral y escrito, para trabajar efectivamente en colaboración con otros.

C. Razonamiento y resolución de problemas
Resolverá problemas.

D. La historia de la humanidad
entenderá cómo la tecnología y el mundo del trabajo han cambiado a través del tiempo

II. Las artes

Las artes permiten enriquecer la experiencia humana al proveer medios de expresar sentimientos y pensamientos íntimos en formas alternas al escribir y hablar. Son también una importante fuente que nos permite ver el desarrollo de diferentes culturas.

Las artes también nos proveen una forma especial de entender a los seres humanos y la naturaleza. Son una forma creativa a través de la cual todos podemos enriquecer nuestras vidas, tanto al permitir la expresión personal como responder a la expresión de otros.

A. Promover el desarrollo saludable de la persona, de la sociedad, del ambiente y de las relaciones entre sociedades

1. Entender las artes como un proceso que promueve la expresión y el desarrollo personal así como la creación de un producto estético.
2. Ver la posibilidad de las artespara desarrollar empatía y un sentido de comunidad.
3. Respetar la diversidad de puntos de vista y expresiones artísticas de otras culturas.

B. Comunicación

Poder expresar sus ideas y emociones en una o varias formas de arte.

C. Razonamiento y resolución de problemas

1. Entender cómo las artes, por su poder de afectarnos, pueden ser utilizadas negativamente para manipular las masas.
2. Ver la relación entre algunos tipos de arte y disciplinas del pensamiento.

D. La historia de la humanidad

Conocer cómo las formas de arte varían entre culturas y cómo en una misma cultura varían en el tiempo.

III. Las artes del lenguaje

El poder de comunicarse efectivamente, poder oír, hablar, escribir y leer, es un elemento básico para ser ciudadano informado y responsable. Estas destrezas son esenciales para tener una democracia saludable. Hoy con la explosión en los medios de comunicación es aún más importante desarrollar estas destrezas.

A. Promover el desarrollo saludable de la persona, de la sociedad, del ambiente y de las relaciones entre sociedades.

Promover el amor a la lectura y ver el escribir como un instrumento de comunicación, integrando ambos al diario vivir.

B. Comunicación

1. Comunicarse claramente (oralmente, por escrito y con gráficas).
   a. Poseerá dominio del español oral.
   b. Podrá escribir con claridad un ensayo coherente.
   c. Conocerá cómo utilizar libros de referencia para buscar las reglas de escribir o el significado de las palabras.
   d. Podrá resumir por escrito el pensamiento de otros.
   e. Podrá reflexionar sobre su propio lenguaje evaluando el nivel de lenguaje que debe utilizar en diferentes situaciones (formal, coloquial).
   f. Entender el papel que juegan los símbolos en la expresión humana.

2. Usar el lenguaje oral y escrito en sus variaciones para lograr que se hagan las cosas, tener control de su vida, expresar sus opiniones, funcionar como un ciudadano responsable y entretenerse y divertirse personal y colectivamente.

C. Razonamiento y resolución de problemas

1. Utilizará el lenguaje como un instrumento para entenderse a sí mismo así como a otros, darle sentido al mundo, y reflexionar sobre sus vidas-al contar y oír historias; leer cuentos, poesías y biografías; y llevar diarios.
2. Podrá utilizar el lenguaje para:
   a. con su conocimiento previo entender un nuevo texto, oral o escrito;
   b. saber cuando no entiende una expresión oral o escrita y poseer las estrategias para clarificar su pensamiento preguntando, releyendo o escribiendo para organizar su pensamiento;
   c. interpretar lo que lee, oye o mira y analizarlo críticamente, haciendo preguntas, conexiones y evaluaciones;
   d. hacer conexiones en lo que lee en un mismo texto o entre diferentes textos;
   e. apreciar la literatura
3. Entender que el escribir es un proceso que requiere planificación, hacer borradores, recibir críticas y sugerencias, revisar y editar.

D. La historia de la humanidad

Poder leer, con una variedad de propósitos, diversos tipos de materiales incluyendo poemas, cuentos, dramas y textos.

IV. El inglés y otras lenguas extranjeras

Con la globalización de la economía y de la tecnología y la facilidad de comunicación entre los pueblos se hace cada día más importante el conocer otros idiomas. Dada nuestra estrecha relación con los Estados Unidos el aprendizaje del inglés debe ser un requisito para todo ciudadano. Conocer otro idioma además del español y el inglés es también de provecho. En las escuelas elementales cuyos recursos se lo permitan, se ofrecerá la opción de un tercer idioma en los grados más avanzados.

A. Promover el desarrollo saludable de la persona, de la sociedad, del ambiente y de las relaciones entre sociedades

1. A través de la enseñanza de un idioma extranjero se enseñan elementos de las culturas de los países donde el idioma se habla.
2. El conocer el lenguaje y elementos culturales de otros países ayuda a entender y apreciar las diferencias que presentan otras culturas.
3. Conocer y entender otras culturas ayuda a poder responder a situaciones no familiares, tanto en el extranjero como en el propio país.

B. Comunicación

1. Podrá hablar y entender oraciones sencillas en inglés.
2. Podrá leer un texto sencillo y escribir oraciones simples en inglés.

V. Educación física

Parte importante del desarrollo de la persona es un buen desarrollo físico. La escuela debe ayudar a que el estudiante desarrolle unos hábitos de vida que colaboren en mantenerse saludable.

A. Promover el desarrollo saludable de la persona, de la sociedad, del ambiente y de las relaciones entre sociedades

1. Desarrollar destrezas que promuevan un estado saludable.
   a. Destrezas de buenas relaciones interpersonales.
   b. Habilidad para manejar el *stress.*
   c. Habilidad para bregar con la presión de grupo y aquellos mensajes transmitidos por los medios de comunicación, que no sean saludables, como el consumir bebidas alcohólicas y el fumar.
2. Participar diariamente en actividades que promuevan el buen estado de salud.
3. Entender conceptos básicos sobre el crecimiento, la sexualidad y la vida en familia.
4. Promover actividades para el tiempo libre que ayuden al buen desarrollo físico y mental.
5. Entender y poner en práctica actividades que ayuden a la salud, (la buena nutrición, evitar el fumar, el beber alcohol y el usar drogas, etc.), así como medidas de seguridad y primera ayuda.

B. Comunicación

La participación en juegos y actividades deportivas requiere la comunicación y entender el punto de vista del otro.

C. Razonamiento y resolución de problemas

1. Habilidad para formar y sostener buenas relaciones.
2. Destrezas para analizar una situación y buscarle solución.

VI. Matemática

El conocimiento matemático es esencial para entender el mundo actual. Ahora bien, la matemática que hoy necesitamos no es la que corrientemente se enseña en nuestras escuelas. Debemos dar sentido a los conceptos matemáticos ayudando al estudiante a ver cómo éstos le ayudan a interpretar su realidad.

A. Promover el desarrollo saludable de la persona, de la sociedad, del ambiente y de las relaciones entre sociedades

1. Entender el valor de utilizar la matemática para resolver problemas de nuestra vida diaria.
2. Desarrollar confianza en su habilidad para utilizar la matemática.

B. Comunicación

Poder entender y utilizar el lenguaje de la matemática.

C. Razonamiento y resolución de problemas

Poder darle sentido a la información numérica.

a. Hacer estimado tanto para la resolución de problemas como para verificar los resultados.
b. Entender las operaciones entre los números enteros, fracciones y decimales.

c. Saber en qué situación es más apropiado hacer cómputos manuales, con calculadora o hacer cálculos y aproximaciones mentales.
d. Entender y poder aplicar a diferentes situaciones el concepto de razón, proporción y porciento.
e. Entender intuitivamente conceptos de estadística y probabilidad y poder interpretar información donde ésta se utilice.
f. Poder hacer conjeturas y buscar cómo justificarlas.

VII. Ciencia y tecnología

En una sociedad como la nuestra, donde se depende tanto de la ciencia y la tecnología, es necesario que todo ciudadano tenga suficiente conocimiento en estas áreas para poder hacer decisiones responsables.

A. Promover el desarrollo saludable de la persona, de la sociedad, del ambiente y de las relaciones entre sociedades

1. Entender que toda actividad científica conlleva ciertos valores y actitudes, que incluyen entre otros, diligencia, curiosidad, apertura a nuevas ideas, cuestionamiento e imaginación.
2. Entender intuitivamente el carácter dinámico de nuestro mundo y las fuerzas que actúan sobre él.
3. Respetar y valorar las diversas formas de vida, la interdependencia entre éstas y la protección de nuestro ambiente para permitir su supervivencia.

B. Comunicación

Tener un vocabulario científico que le permita utilizar la información científica que le ayude, entre otras cosas, a ser un consumidor responsable.

C. Razonamiento y resolución de problemas

1. Observar cuidadosamente y poder encontrar patrones que le ayuden a entender el mundo.
2. Poder utilizar procesos y conocimientos científicos para interpretar información, ofrecer explicaciones, hacer preguntas, y diseñar experimentos y estudios para contestar esas preguntas.

D. La historia de la humanidad

1. Entenderse como parte de una especie, cómo diferimos de otras especies, cuál es el ciclo de la vida humana y cómo funcionamos biológicamente.
2. Entender que las teorías científicas son creación del ser humano y pueden cambiar a base de nuevos conocimientos e interpretaciones.
3. Entender en forma intuitiva la estructura de la materia, la existencia de las fuerzas básicas de la naturaleza, el comportamiento de los diferentes estados de la materia y los cambios que sufren diferentes tipos de materia.
4. Reconocer las diferentes fuerzas que han llevado al desarrollo de la Tierra, así como del universo y entender que tanto el caos como el orden están presentes en este desarrollo.
5. Entender en forma intuitiva las relaciones ecológicas, los principios de genética y evolución de nuestro ambiente vivo, así como el papel de la teoría celular en la estructura y funcionamiento de las plantas y animales.

VIII. Estudios sociales

Para contribuir efectivamente como ciudadanos de una sociedad democrática y de un mundo interdependiente los estudiantes necesitan entender las instituciones y valores básicos de nuestra sociedad, así como los de otras culturas. Es necesario que el estudiante entienda también el contexto internacional de la vida contemporánea.

Es necesario que veamos nuestras experiencias de vida como parte de una experiencia mayor tanto en el tiempo como en el espacio. Para esto debemos conocer el proceso de desarrollo de las sociedades modernas y cómo este proceso afecta la forma en que éstas funcionan actualmente.

A. Promover el desarrollo saludable de la persona, de la sociedad, del ambiente y de las relaciones entre sociedades

1. Entender principios básicos del comportamiento individual y de grupo, la organización social y el proceso de cambio social.
2. Conocer datos básicos sobre geografía, economía, historia, cultura y organización política de Puerto Rico.

3. Conocer datos básicos sobre geografía, economía, historia, cultura y organización política de los Estados Unidos, y entender la relación de este país con Puerto Rico.
4. Conocer datos básicos sobre la geografía, cultura, historia y sistemas económicos y políticos de diferentes países del mundo.
5. Conocer y apreciar la tradición y cultura de su país.
6. Respetar los derechos humanos.
7. Desarrollar empatía hacia su prójimo, tanto cercano como de otras tierras.
8. Desarrollar destrezas para trabajar en forma constructiva con sus semejantes.
9. Entender los principios democráticos que rigen nuestra constitución.

B. Comunicación

Entender información de mapas, gráficas, globos y otros materiales gráficos.

C. Razonamiento y resolución de problemas

1. Integrar observaciones y conocimientos de la literatura a los estudios sociales.
2. Comparar diferentes sistemas políticos, económicos y sociales tanto del presente como del pasado.
3. Desarrollar destrezas para analizar críticamente los canones sociales y culturales, aceptarlos o ayudar a cambiarlos según sea el caso.

D. La historia de la humanidad

1. Entender en forma intuitiva los conceptos básicos de la historia, ciencias políticas, economía, sociología y psicología.
2. Entender y aplicar temas fundamentales en geografía, (localización y relaciones entre lugares, regiones, e interdependencia global).
3. Conocer en forma intuitiva el desarrollo histórico de Puerto Rico.